# 中国語話者のための
# 日本語教育研究

中国語話者のための日本語教育研究会編

第 10 号

日中言語文化出版社

# 目　次
## CONTENTS

## 研究論文
Research articles

コロケーションに注目した日中対照研究
―「発生」と"发生",「進行」と"进行"を例に―

建石　始　1

A contrastive study between Japanese and Chinese with a focus on collocation
TATEISHI, Hajime

中国人日本語学習者の間接発話行為の理解
―慣習性と習熟度の影響―

李　璐・玉岡　賀津雄　12

Understanding indirect speech acts by native Chinese speakers learning Japanese: Influence of conventionality and proficiency
LI, Lu,　TAMAOKA, Katsuo

中国語を母語とする日本語学習者の"会"が関与する誤用

張　浩然　29

The misuse affected by 'Hui' in Japanese learning to Chinese native speakers
ZHANG, Haoran

JFL 環境における中国人日本語学習者の授受補助動詞の使用について
―「叙述」場面を例にして―

陳　蒙　42

A study of benefactive auxiliary verbs in Chinese learners of Japanese in the JFL environment
CHEN, Meng

中国語話者用日本語教育文法における動詞の自他と使役について

張　麟声　57

Transitive, intransitive verbs and causatives in Japanese pedagogical grammar for Chinese speakers
ZHANG, Linsheng

## 授業に必要な中国語の豆知識
Useful information about the Chinese language

最終回　まとめにかえて

建石　始　71

Paper 10 Final episode
TATEISHI, Hajime


## 特別コラム
中国の《国标（国家基準）》における日本語の専門必須科目
及びその教材編集に寄与する言語学の諸分野

張　麟声　87


## 研究会の組織
Management of the study group

90

## 研究発表応募規定
Notes for contributors

92

## 会誌投稿規定
Notes for contributors

94

## 大会委員会からの便り
Notes from the study group meeting committee

96

## 編集後記

建石　始　97

Postscript
TATEISHI, Hajime

# コロケーションに注目した日中対照研究
## ―「発生」と"发生"，「進行」と"进行"を例に―

建石　始（神戸女学院大学）

## 要　旨

　本稿では，まず日中同形語，およびコーパスを使ったコロケーション研究についての先行研究を概観した。次に，コロケーションに注目した日中対照研究のケーススタディとして，建石（2018）を取り上げ，日中同形語である「発生」と"发生"を扱った研究を確認した。その結果，日本語の「発生」に結びつく名詞は圧倒的に悪い意味やマイナス評価の名詞に偏るのに対して，中国語の"发生"にはそのような傾向は見られないことを指摘した。さらに，日中同形語である「進行」と"进行"を取り上げ，それぞれに共起する名詞を観察した。日本語の「進行」に結びつく名詞も悪い意味やマイナス評価の名詞になる傾向が強いのに対して，中国語の"进行"は悪い意味やマイナス評価の名詞にはほとんど結びつかないことを主張した。以上の分析から，コロケーションに注目した日中対照研究の一端を示した。

**キーワード**：日中同形語，コロケーション，「発生」と"发生"，「進行」と"进行"

## 1　はじめに

　日本語と中国語の同形語には「大学」と"大学"や「牛肉」と"牛肉"といった漢字の字体と意味がほぼ同じものもあれば，「空気」と"空气"や「雑誌」と"杂志"といった字体は異なるものの意味がほぼ同じもの，「丈夫」と"丈夫"や「意思」と"意思"といった漢字の字体は同じであるものの意味が異なるもの，「手紙」と"手纸"や「新聞」と"新闻"のように字体も意味も異なるものなど，さまざまなタイプがある。

　そのような状況の中で，本稿では，「発生」と"发生"，「進行」と"进行"を取り上げる。そして，それぞれに共起する名詞を観察することによって，

コロケーションに注目した日中対照研究の一端を示したい。

## 2 先行研究と問題の所在

### 2.1 日中同形語の先行研究

　日中同形語に関する研究は数多く存在する。それらを大きく分けると，日中同形語の品詞性に関する研究，日中同形語の意味に関する研究，日中同形語の習得に関する研究という3つになる[1]。

　日中同形語の品詞性に関する研究として，張（2009），王（2013），熊・玉岡（2014）などが挙げられる。また，日中同形語の意味に関する研究として，文化庁（1978），王・小玉・許（2007），郭・谷内・磯部（2011）などが挙げられる。さらに，日中同形語の習得に関する研究として，小森・三國・徐・近藤（2012），張（2014），熊・玉岡（2014），小森・玉岡・斉藤・宮岡（2014），三國・小森・徐（2015），熊・玉岡・早川（2017）などが挙げられる。日中同形語に関するその他の研究として，コーパスを利用した山内（2013），杉村（2014），二字漢語名詞と二字漢語サ変他動詞のコロケーションを扱った王（2015），ナ形容詞と名詞のコロケーションを扱った王（2017）などが挙げられる。

### 2.2 コーパスを使ったコロケーション研究

　近年，コーパスを使ったコロケーション研究が盛んに行われている。例えば，中俣（2014）は，初級で扱われる文法項目がどのような語彙・表現と結びつきやすいのか，どのようなジャンルで使用されやすいのかといったことについて，日本語母語話者コーパス（『現代日本語書き言葉均衡コーパス』）を用いて調査している。その結果，「〜てある」は「書いてある」が圧倒的に多く，これに「置いてある」，「貼ってある」などを加えれば大半がカバーできる，「〜ている」と「〜ているところだ」を比べた場合，「〜ているところだ」は官僚的な言い訳が目立つ，「〜ている」の100分の1しか使われていないといったことが指摘されている。

---

1　日中同形語に関する先行研究については，小森（2017）に詳細がわかりやすくまとめられている。

また，中俣編（2017）は，中上級の文法項目について，どのようなコロケーションを構成するのか，およびどのようなジャンルで使用されるのかなどを分析し，その成果を実際の授業における例文作りに活かすべきであるという主張を行っている。そして，「〜てからは」と「〜て以来」では話し言葉と書き言葉の違いがある，「〜とは」と「〜って」では論理的と主観的の違いがあるといった主張がなされている。

## 2.3　問題の所在

　日中同形語に関して，コーパスを用いた研究，およびコロケーションに注目した研究は，管見の限りそれほど多くは行われていない。そこで，ケーススタディとして，3節では建石（2018）でも扱った「発生」と"发生"を取り上げ，4節では「進行」と"进行"を取り上げる。

## 3　「発生」と"发生"
## 3.1　日本語の「発生」に結びつく名詞

　日本語の「発生」の意味を聞かれると，どのように答えるだろうか。おそらく多くの人は「何かが起こること」や「ある事態が生じること」といった内容を答えるだろう。それでは，実際に「発生」という名詞はどのような表現と結びついているのだろうか。また，それは上記の意味と合っているものだろうか。

　建石（2018）では日本語の「発生」と中国語の"发生"に結びつく表現を紹介している。建石（2018）は『現代日本語書き言葉均衡コーパス』（BCCWJ）を用いて日本語の「発生」に結びつく名詞を分析するにあたり，以下の作業を行っている[2]。

　（ⅰ）「中納言」で『現代日本語書き言葉均衡コーパス通常版』を選択する。
　（ⅱ）「長単位検索」で，下記の検索を行う。
　　　（キー）品詞の大分類が「名詞」＋（後方共起1）語彙素「の」＋（後方共起2）語彙素「発生」

---

2　詳細は建石（2018）を参照。

（ⅲ）ダウンロードしたデータを Excel で開き，ピボットテーブルを用いて頻度表を作成する。

以上の作業を行い，日本語の「発生」に結びつく名詞をまとめたものが表1である。

表1　日本語の「発生」に結びつく名詞

| 順位 | 名　詞 | 件数 | 順位 | 名　詞 | 件数 |
|------|--------|------|------|--------|------|
| 1 | 事故 | 46 | 11 | 事態 | 13 |
| 2 | 災害 | 44 | 11 | 結果 | 13 |
| 3 | 損害 | 27 | 13 | 廃棄物 | 12 |
| 4 | 癌 | 24 | 13 | 危害 | 12 |
| 5 | 被害 | 23 | 15 | 交通事故 | 11 |
| 5 | 火災 | 23 | 15 | スパイクタイヤ粉塵 | 11 |
| 7 | 地震 | 22 | 15 | 悪臭 | 11 |
| 8 | 事件 | 21 | 18 | 問題 | 10 |
| 9 | 犯罪 | 17 | 18 | 赤潮 | 10 |
| 9 | 公害 | 17 | 20 | 黴 | 9 |

　1位は「事故」，2位は「災害」，3位は「損害」で，その後は「癌」，「被害」，「火災」，「地震」といった名詞が続いている。山崎（2016）でも指摘されているし，表1からもわかるように，日本語の「発生」に結びつく名詞は圧倒的に悪い意味やマイナス評価の名詞となっている。日本語の「発生」の意味として，「何かが起こること」や「ある事態が生じること」というものが想定されやすいが，実際には悪い意味やマイナス評価の名詞に偏る傾向が強いことがわかる。

## 3.2 中国語の"发生"に結びつく名詞

　それでは，中国語の"发生"にはどのような名詞が結びつくのだろうか。日本語の「発生」と同じように，悪い意味やマイナス評価の名詞が多いのだろうか。

建石（2018）は『北京大学中国語コーパス』を用いて中国語の"発生"に結びつく名詞を分析するにあたり，以下の作業を行っている[3]。

（ⅰ）「北京大学中国語言学研究中心」の「在线资源」から「语料」に進み，『现代汉语语料库』を選択する。

（ⅱ）検索画面が出てきたら，"的发生"を検索し，検索結果をダウンロード（下载）する（その際,「下载」の横の件数を多めに設定すること）

（ⅲ）Excel を立ち上げ,「ファイル」→「開く」→「デスクトップ」（ダウンロードしたデータがある場所）→右下の「すべての Excel ファイル」を「すべてのファイル」に変更し，当該のデータを開く。

（ⅳ）"的发生"を含む列（A列）をコピーして，サクラエディタに貼り付ける。

（ⅴ）「検索」→「置換」で"的发生"の前後の［ ］を消す。

　　　置換前：［的发生］

　　　置換後：的发生

（ⅵ）「検索」→「置換」で「正規表現」にチェックを入れ，"的发生"と直前の1文字のみにする（"的发生"の前の「.」を2つにすると,"的发生"と直前の2文字になる）。

　　　置換前：^.＊（.的发生）.＊

　　　置換後：$ 1

（ⅶ）"的发生"を削除する。

　　　置換前：的发生

　　　置換後：

（ⅷ）（ⅶ）で処理したデータに名前をつけてデスクトップに保存する（その際に「文字コードセット」を「UTF-8」にする）。

（ⅸ）Excel を立ち上げ,「開く」→「デスクトップ」→右下の「すべての Excel ファイル」を「すべてのファイル」に変更して（ⅷ）のファイルを開く。

（ⅹ）ピボットテーブルを用いて頻度表を作成する。

---

3　詳細は建石（2018）を参照。

以上の作業を行い，中国語の"发生"に結びつく名詞をまとめたものが表2である。

表2　中国語の"发生"に結びつく名詞

| 順位 | 名　詞 | 件数 | 順位 | 名　詞 | 件数 |
|---|---|---|---|---|---|
| 1 | 事件（事件） | 678 | 11 | 悲剧（悲劇） | 72 |
| 2 | 事故（事故） | 571 | 12 | 战争（戦争） | 53 |
| 3 | 现象（現象） | 294 | 13 | 火灾（火災） | 51 |
| 4 | 疫病（疫病） | 206 | 14 | 犯罪（犯罪） | 50 |
| 5 | 行为（行為） | 163 | 15 | 结果（結果） | 48 |
| 6 | 案件（裁判事件） | 152 | 16 | 染病（病気） | 42 |
| 7 | 问题（問題） | 110 | 17 | 疫情（疫病発生の状況） | 40 |
| 8 | 情况（状況） | 94 | 18 | 活动（活動） | 39 |
| 9 | 事情（事・事柄） | 92 | 19 | 危机（危機） | 38 |
| 10 | 灾害（災害） | 80 | 20 | 灾难（災難） | 35 |

　1位は"事件"（事件），2位は"事故"（事故），3位は"现象"（現象）で，その後は"疫病"（疫病），"行为"（行為）といった名詞が続いている。中国語の"发生"に結びつく名詞であるが，表2からもわかるように，1位の"事件"（事件），2位の"事故"（事故）など，上位にくる多くの名詞はやはり悪い意味やマイナス評価の名詞である。しかし，3位の"现象"（現象），5位の"行为"（行為），8位の"情况"（状況），9位の"事情"（事・事柄）など，必ずしも悪い意味やマイナス評価とは言えない名詞も結びついている。つまり，中国語の"发生"も悪い意味やマイナス評価と結びつくが，日本語の「発生」ほどの偏りはないということになる。

## 4　「進行」と"进行"
### 4.1　日本語の「進行」に結びつく名詞
　3節で「発生」を観察したが，それと同じように，日本語の「進行」の意味を聞かれると，どのように答えるだろうか。多くの人は「物事が進むこと」や「何かが進展すること」といった内容を答えるのではないだろうか。それ

コロケーションに注目した日中対照研究

では，実際に「進行」という名詞はどのような表現と結びついているのだろうか。また，それは上記の意味と合っているものだろうか。

『現代日本語書き言葉均衡コーパス』（BCCWJ）を用いて日本語の「進行」に結びつく名詞を分析するにあたり，以下の作業を行った。

（i）「中納言」で『現代日本語書き言葉均衡コーパス通常版』を選択する。

（ii）「長単位検索」で，下記の検索を行う。

（キー）品詞の大分類が「名詞」＋（後方共起1）語彙素「の」＋（後方共起2）語彙素「進行」

（iii）ダウンロードしたデータを Excel で開き，ピボットテーブルを用いて頻度表を作成する。

以上の作業を行った結果，日本語の「進行」に結びつく名詞は 718 件見つかった。それをまとめたものが表3となる。

表3　日本語の「進行」に結びつく名詞

| 順位 | 名　詞 | 件数 | 順位 | 名　詞 | 件数 |
|---|---|---|---|---|---|
| 1 | 高齢化 | 32 | 10 | グローバリゼーション | 8 |
| 2 | 円高 | 28 | 10 | 病状 | 8 |
| 3 | 病気 | 25 | 10 | 工事 | 8 |
| 4 | 核家族化 | 17 | 14 | インフレ | 7 |
| 5 | 癌 | 14 | 14 | 全体 | 7 |
| 6 | ゲーム | 13 | 14 | 細胞周期 | 7 |
| 7 | 少子化 | 11 | 17 | 会議 | 6 |
| 8 | 少子高齢化 | 10 | 17 | 症状 | 6 |
| 9 | 虫歯 | 9 | 17 | 砂漠化 | 6 |
| 10 | 実戦 | 8 | 20 | 過疎化 | 5 |

1位は「高齢化」，2位は「円高」，3位は「病気」で，その後は「核家族化」，「癌」，「ゲーム」，「少子化」といった名詞が続いている。「ゲーム」や「実戦」という名詞はあるものの，日本語の「発生」に結びつく名詞と同じように，「進行」に結びつく名詞も悪い意味やマイナス評価の名詞が多く出現している。

7

日本語の「進行」の意味として,「物事が進むこと」や「何かが進展すること」というものが想定されやすいが,実際には悪い意味やマイナス評価の名詞に偏る傾向があることがわかる。

## 4.2　中国語の"进行"に結びつく名詞

　それでは,中国語の"进行"にはどのような名詞が結びつくのだろうか。日本語の「進行」と同じように,悪い意味やマイナス評価の名詞が多いのだろうか。

　『北京大学中国語コーパス』を用いて中国語の"进行"に結びつく名詞を分析するにあたり,以下の作業を行った。

（ⅰ）「北京大学中国语言学研究中心」の「在线资源」から「语料」に進み,『现代汉语语料库』を選択する。

（ⅱ）検索画面が出てきたら,"的进行"を検索し,検索結果をダウンロード（下载）する（その際,「下载」の横の件数を多めに設定すること）

（ⅲ）Excel を立ち上げ,「ファイル」→「開く」→「デスクトップ」（ダウンロードしたデータがある場所）→右下の「すべての Excel ファイル」を「すべてのファイル」に変更し,当該のデータを開く。

（ⅳ）"的进行"を含む列（A列）をコピーして,サクラエディタに貼り付ける。

（ⅴ）「検索」→「置換」で"的进行"の前後の ［ ］ を消す。

　　　置換前：［的进行］

　　　置換後：的进行

（ⅵ）「検索」→「置換」で「正規表現」にチェックを入れ,"的进行"と直前の1文字のみにする（"的进行"の前の「.」を2つにすると,"的进行"と直前の2文字になる）。

　　　置換前：^.＊(.的进行).＊

　　　置換後：＄1

（ⅶ）"的进行"を削除する。

　　　置換前：的进行

　　　置換後：

（ⅷ）（ⅶ）で処理したデータに名前をつけてデスクトップに保存する（そ

の際に「文字コードセット」を「UTF-8」にする）。

（ix）Excel を立ち上げ，「開く」→「デスクトップ」→右下の「すべての Excel ファイル」を「すべてのファイル」に変更して（viii）のファイルを開く。

（x）ピボットテーブルを用いて頻度表を作成する。

以上の作業を行った結果，中国語の"进行"に結びつく名詞は 1,150 件見つかった。それをまとめたものが表 4 となる。

表4　中国語の"进行"に結びつく名詞

| 順位 | 名　詞 | 件数 | 順位 | 名　詞 | 件数 |
|---|---|---|---|---|---|
| 1 | 工作（仕事） | 88 | 10 | 建设（建設） | 10 |
| 2 | 比赛（試合） | 62 | 12 | 过程（過程） | 8 |
| 3 | 改革（改革） | 33 | 13 | 调查（調査） | 7 |
| 4 | 活动（活動） | 32 | 13 | 会谈（会談） | 7 |
| 5 | 计划（計画） | 17 | 15 | 联赛（リーグ戦） | 6 |
| 6 | 谈判（折衝・話し合い） | 16 | 15 | 会议（会議） | 6 |
| 7 | 战争（戦争） | 12 | 15 | 生产（生産） | 6 |
| 7 | 工程（プロジェクト） | 12 | 15 | 反应（反応） | 6 |
| 9 | 项目（プロジェクト） | 11 | 19 | 仪式（儀式） | 5 |
| 10 | 程序（手続き） | 10 | 19 | 开放（開放） | 5 |

1 位は"工作"（仕事），2 位は"比赛"（試合），3 位は"改革"（改革）で，その後は"活动"（活動），"计划"（計画）といった名詞が続いている。中国語の"进行"に結びつく名詞であるが，表 4 からもわかるように，7 位の"战争"（戦争）は悪い意味やマイナス評価の名詞と言えるかもしれないが，それ以外に悪い意味やマイナス評価の名詞とは結びついていない。つまり，中国語の"进行"は日本語の「進行」とは異なり，悪い意味やマイナス評価の名詞と結びつくことはほとんどないということになる。

## 5　おわりに

本稿では，まず日中同形語，およびコーパスを使ったコロケーション研究

についての先行研究を概観した。次に，コロケーションに注目した日中対照研究のケーススタディとして，建石（2018）を取り上げ，日中同形語である「発生」と"发生"を扱った研究を確認した。その結果，日本語の「発生」に結びつく名詞は圧倒的に悪い意味やマイナス評価の名詞に偏るのに対して，中国語の"发生"にはそのような傾向は見られないことを提示した。さらに，日中同形語である「進行」と"进行"を取り上げ，それぞれに共起する名詞を観察した。日本語の「進行」に結びつく名詞も悪い意味やマイナス評価の名詞になる傾向が強いのに対して，中国語の"进行"は悪い意味やマイナス評価の名詞にはほとんど結びつかないことを主張した。

　今回の分析では共起する名詞のコロケーションを扱ったが，今後の課題としては，後続表現などの共起する名詞以外のコロケーションにも分析を進めること，および他の日中同形語にも分析を進めることなどが挙げられる。

## 参考文献

王永全・小玉新次郎・許昌福（2007）『日中同形異義語辞典』東方書店.

王燦娟（2013）「品詞と意味における二重誤用されやすい日中同形語に関する研究」『東アジア日本語教育・日本文化研究』16，pp.29-56.

王燦娟（2015）「日中同形語の共起の異同に関する研究―二字漢語名詞と二字漢語サ変他動詞の共起を中心に―」『東アジア日本語教育・日本文化研究』18，pp.291-312.

王燦娟（2017）「日中両言語における共起規則の異同に関する対照研究―日中同形語としてのナ形容詞と名詞の共起表現をめぐって―」『東アジア日本語教育・日本文化研究』20，pp.169-187.

郭明輝・谷内美江子・磯部祐子（2011）『日中同形異義語 1500』国際語学社.

小森和子（2017）「日中同形語から見えること―似ているようで似ていない同形語の習得の難しさ―」『日本語学』36-11，pp.56-67，明治書院.

小森和子・玉岡賀津雄・斉藤信浩・宮岡弥生（2014）「第二言語として日本語を学ぶ中国語話者の漢字語の習得に関する考察」『中国語話者のための日本語教育研究』第5号，pp.1-16，日中言語文化出版社.

小森和子・三國純子・徐一平・近藤安月子（2012）「中国語を第一言語とす

る日本語学習者の漢語連語と和語連語の習得—中国語と同じ共起語を用いる場合と用いない場合の比較—」『小出記念日本語教育研究会論文集』20，pp.49-60.

杉村泰（2014）「日本語の「V1-慣れる」と中国語の"V1-慣"の対照研究」中国語話者のための日本語教育研究会編『中国語話者のための日本語教育研究』第5号，pp.62-72，日中言語文化出版社.

建石始（2018）「第6章　対照言語学的分析」森篤嗣編『コーパス演習で学ぶ日本語学　日本語教育への応用』，pp.105-127，朝倉書店.

張麟声（2009）「作文語彙に見られる母語の転移—中国語話者による漢語語彙の転移を中心に—」『日本語教育』140，pp.59-69，日本語教育学会.

張麟声（2014）「中国語話者による中日同形漢語語彙の習得を考えるための対照研究」『中国語話者のための日本語教育研究』第5号，pp.17-30，日中言語文化出版社.

中俣尚己（2014）『日本語教育のための文法コロケーションハンドブック』くろしお出版.

中俣尚己編（2017）『コーパスから始まる例文作り』くろしお出版.

文化庁（1978）『中国語と対応する漢語』大蔵省印刷局.

三國純子・小森和子・徐一平（2015）「中国語を母語とする日本語学習者の漢語連語の習得—共起語の違いが誤文訂正に及ぼす影響—」『中国語話者のための日本語教育研究』第6号，pp.34-49，日中言語文化出版社.

熊可欣・玉岡賀津雄（2014）「日中同形二字漢字語の品詞性の対応関係に関する考察」『ことばの科学』27，pp.25-51.

熊可欣・玉岡賀津雄・早川杏子（2017）「中国人日本語学習者の日中同形同義語の品詞性の習得—語彙知識・文法知識との因果関係—」『第二言語としての日本語の習得研究』20，pp.63-79.

山内美穂（2013）「コーパスを利用した日中同形語対照研究」『大学院論文集』10，pp.39-57，杏林大学大学院国際交流協力研究科.

山崎誠（2016）「コーパスが変える日本語の科学—日本語研究はどのように変わるか—」『日本語学』35-13，pp.12-17，明治書院.

## 中国人日本語学習者の間接発話行為の理解
### —慣習性と習熟度の影響—

李　璐（名古屋大学大学院生）

玉岡　賀津雄（名古屋大学）

## 要　旨

　本研究では，慣習・非慣習性および日本語の習熟度が間接発話行為の理解にどう影響するかを検討した。まず，中国の大学で日本語を専攻する中国語話者の学生 47 名に対して，慣習・非慣習的な間接発話行為の理解テストを実施した。さらに，クローズテストで日本語の習熟度を測定して，下位・中位・上位の 3 群に分けた。分析の結果，(1)「使用の慣習（conventions of usage）」および「言語の慣習（conventions of language）」からなる間接発話行為（Morgan 1978）の理解が，非慣習的な間接発話行為よりも正答率が高かった。(2) 日本語習熟度が学習者の間接発話行為の理解を促進した。ただし，慣習・非慣習的な間接発話行為の理解には，日本語習熟度が異なるパターンで影響しており，(3) 慣習的な間接発話行為は，中位群レベルまでに理解ができるようになったが，(4) 非慣習的な間接発話行為は，日本語能力の向上に伴って，下位群から上位群へと徐々に理解が進んだ。

**キーワード：** 中国人日本語学習者，間接発話行為の理解，慣習性，習熟度

## 1　はじめに

　間接発話行為（indirect speech act）は，話し手の意図と表現の字義通りの意味が異なる発話行為である。たとえば，母親が子どもの起床を促す場面で，「もう 7 時だよ。」と言った場合，今が 7 時だということではなく，実際には「早く起きなさいよ。」という意味である。間接発話行為は，さらに，慣習的な間接発話行為と非慣習的な間接発話行為に分けられる。この慣習性の度合いによって，間接発話行為の意味解釈に必要となる処理負荷も異なっていると考えられる。Gibbs（1981, 1986）および仲・無藤（1983）は，母語

話者における間接発話行為の理解に要する反応時間を測定して，慣習的な間
接発話行為のほうが非慣習的な間接発話行為よりも迅速に理解されると指摘
した。

　それでは，言語知識だけではなく，外国語の言語使用慣習の理解も要求さ
れている外国人学習者の場合はどうなるのであろうか。英語を目標言語とす
る研究では，学習者の英語習熟度が間接発話行為の理解を促進すること，ま
た，慣習的な間接発話行為のほうが非慣習的な間接発話行為より，正確か
つ迅速に理解されることが示されている（Cook & Liddicoat 2002; Taguchi
2005, 2007 など）。ところが，日本語を目標言語とする学習者の研究（萩原
2006; Hagiwara 2009; Taguchi 2008c, 2009a）は，非慣習的な間接発話行為の
ほうが慣習的な間接発話行為より理解しやすいという結果であった。しかし，
これらの研究には問題がある。Taguchi（2008c, 2009a）では，調査協力者の
母語が不統一であり，習熟度をテストで実測していない。萩原（2006）およ
び Hagiwara（2009）は調査の項目数が少なく，中級学習者だけを対象にし
ている。そこで本研究では，これらの問題点を改善し，中国人日本語学習者
を対象に，習熟度を実測して，慣習・非慣習的な間接発話行為の理解に対す
る影響を再検証することにした。

## 2　慣習的な間接発話行為と非慣習的な間接発話行為

　間接発話行為の慣習性について，Morgan（1978）は，個人段階での習慣
が社会全体に広がり，社会段階の共通知識になることとして捉え，この共通
知識に基づいて，推論過程が省略できる可能性を「省略化された含意（short-
circuited implicature）」で説明した。さらに，Morgan（1978）は，慣習を「言
語の慣習」と「使用の慣習」とに区別した。「言語の慣習」は，言語または
少なくとも言語の一部を構成するものであり，「使用の慣習」はある目的の
ために使われることが慣習的な場合をさす。つまり，「使用の慣習」は言語
知識の問題ではなく，社会・文化の問題である。そして，「使用の慣習」は「言
語の慣習」になりうるとする。

　これにしたがって，Taguchi（2005, 2008c）および張（2017）は，慣習的
な間接発話行為を，特定の言語形式，意味構造，談話パターンから話し手の

意図が理解できると定義した。英語の研究では，Cook & Liddicoat（2002），Taguchi（2005）および Takahashi & Roitblat（1994）は，Can you…? や Could you…? のような「できますか」と能力を聞くタイプあるいは Will you…? や Would you…? のような「～てもらえる」と意欲を聞くタイプを慣習的な間接発話行為と定義している。実際には，これらの表現は能力や意欲を訊ねるというより，「依頼」や「申し出」の表現として定着している。日本語では，「～てもらえる」「～てくれる」のような表現（仲・無藤 1983），「あまり」「ちょっと」「どうも」などの副詞，「かな」「かも知れない」「という気が」などの文末表現，修辞疑問や中途終了文など，理由や言い訳で断りを表す表現も慣習的な間接発話行為に含まれるとされている（Taguchi 2008c, 2009a）。

　一方，非慣習的な間接発話行為は，複数の意味に解釈される表現であり，特定の文脈がなくては話し手の意図が分からない発話行為である。「コーヒーを飲むかい？」に対して，「コーヒーを飲むと目がさえるわ。」（この説明のオリジナルは，スペルベル & ウイルソン 1995，この訳は内田他 1999: 41）という答えがあったとする。たいていの場合は，起きていたくないのでコーヒーを飲みたくないという意味である。しかし，状況によっては，深夜まで残業するのでコーヒーを飲んで，目を覚ましておきたいという意味にもとれそうである。このように，発話の理解には，聞き手の推論による状況判断を含むので，非慣習的な間接発話行為は，慣習的な間接発話行為よりも処理負荷が大きいといわれている（Taguchi 2005, 2008c; 張 2017）。

## 3　外国人学習者の間接発話行為理解に関する研究と本研究の課題

　外国人英語学習者の間接発話行為の理解について，母語背景の差異，理解のプロセス，目標言語環境での滞在期間，学習環境の違い，理解の正確さと速さが影響する要因など，多角的な視点から研究が行われてきた（Bouton 1988; Takahashi & Roitblat 1994; Ercanbrack 1994; Cook & Liddicoat 2002; Yamanaka 2003; Taguchi 2005, 2007, 2008a, 2008b, 2008d, 2009b など）。Cook & Liddicoat（2002）は，直接依頼，慣習的な間接依頼，非慣習的な間接依頼の3種類の理解テストを実施して，英語学習者と英語母語話者

を比較した。その結果，母語話者はすべての依頼行為をほぼ正しく理解したのに対し，習熟度の高い学習者は直接依頼，慣習的な間接依頼の理解は母語話者と同じ程度であったが，非慣習的な間接依頼の理解には誤りが多かった。また，習熟度の低い学習者は，直接依頼の理解はできたが，間接依頼の正答率は低く，特に非慣習的な間接依頼の理解はきわめて難しかった。Taguchi (2005) は，慣習的である間接断りと間接依頼，非慣習的な間接意見を，日本人英語学習者に音声提示し，間接発話行為の理解への慣習性と習熟度 (TOEFL-ITP の成績) の影響を考察した。その結果，「使用の慣習」としての間接断りと，「言語の慣習」としての間接依頼からなる慣習的な間接発話行為が，非慣習的な間接発話行為より理解されやすく，反応時間も短かった。また，習熟度は学習者の理解の正確さに影響したが，速さには影響しなかった。その他，Ercanbrack (1994)，Taguchi (2007, 2008a, 2008b, 2008d, 2009b) なども学習者の英語習熟度が間接発話行為の理解を促進すること，また，慣習的な間接発話行為のほうが非慣習的な間接発話行為より，正確かつ迅速に理解されることを報告した。

　日本語を目標言語とする間接発話行為の理解について，Taguchi (2008c, 2009a) は，慣習的である間接断り，間接意見，非慣習的な間接意見を学習者に音声提示し，理解の状態を考察した。その結果，正答率は，慣習的な間接断り，非慣習的な間接意見，慣習的な間接意見の順に低くなった。つまり，「使用の慣習」としての間接断りが最も理解されやすく，「言語の慣習」としての慣習的な間接意見は非慣習的な間接意見より理解され難かった。反応時間は，慣習的な間接断り，慣習的な間接意見，非慣習的な間接意見の順で長くなった。また，萩原 (2006) および Hagiwara (2009) は，60 名のアメリカ在住の日本語中級学習者の直接発話，慣習的な間接発話，非慣習的な間接発話の理解を調査した結果，慣習的な間接発話行為のほうが非慣習的な間接発話行為よりも理解し難いことが分かった。つまり，Taguchi (2008c, 2009a)，萩原 (2006) および Hagiwara (2009) の調査結果は，学習者の間接発話行為の理解の正確さに及ぼす慣習性の影響が，英語の先行研究と逆の結果である。一方，張 (2017) の日本語の研究では，慣習的な間接不同意と非慣習的な間接不同意の発話場面を中国人上級日本語学習者に音声提示し，

正誤判断で学習者の理解の正確さと速さを調査したが，慣習的な間接不同意は，非慣習的な間接不同意に比べて，より正確で，より迅速に理解されることを示した。つまり，英語の研究結果と一致した。

　Taguchi（2008c, 2009a），萩原（2006）およびHagiwara（2009）が日本語の間接発話行為理解の正答率に対する慣習性の影響について，他の研究と異なる結果を示したのには，以下の2つの理由が考えられる。第1に，Taguchi（2008c, 2009a）における日本語学習者の母語が不統一である。Bouton（1988）は，母語が異なるグループ間では，間接発話行為が生み出す含意の理解に差異があると指摘した。第2に，萩原（2006）およびHagiwara（2009）では，慣習・非慣習的な間接発話行為の調査項目が，それぞれ4項目しかなく，項目数が少ない。また，日本語を目標言語とする先行研究の中で，萩原（2006）およびHagiwara（2009）は中級日本語学習者を，張（2017）は上級日本語学習者を対象としており，習熟度の影響を検討していない。Taguchi（2008c, 2009a）は習熟度を学年で検討した。しかし，学年が上でも習熟度が低いことはよくあるので，日本語能力を測るテストを使って，実測すべきである。

　そこで，本研究では，中国語を母語とする日本語学習者に限定し，慣習・非慣習的な間接発話理解テストを実施して，両者を比較した。さらに，クローズテストを使って日本語能力を実測して，間接発話行為の理解に対する日本語習熟度の影響を検討した。

## 4　研究方法
### 4.1　調査協力者
　中国の大学で日本語を専攻する中国語母語話者の2，3，4年生の合計47名を対象に調査を行った。平均年齢は20歳10カ月で，標準偏差は1歳2カ月であった。全員，日本に3カ月以上滞在したことがない。

### 4.2　間接発話行為の理解および日本語習熟度のテスト
#### 4.2.1　間接発話行為の理解を測定するテストの概要
　中国人日本語学習者による間接発話行為の理解を，慣習的な間接発話理解

中国人日本語学習者の間接発話行為の理解

課題12項目，非慣習的な間接発話理解課題12項目からなる四者択一のテストで測定した。この24項目のなかのいくつかの項目はTaguchi（2008c），松見・森（1995），スニサー（2001）を参考にして作成したものである。これにフィラー8項目を加えて，合計32項目のテストとした。具体的な間接発話文は，表1に示した。各項目は，場面の説明，2者の対話，そして4つの選択肢の質問からなる。2者の対話は，最後の文が間接発話文として設定されている。

表1　間接発話理解テストの構造

| 慣習性 | 番号 | 項目 | 間　接　発　話　文 |
|---|---|---|---|
| 慣習 | 1 | 断り | 明日の朝，仕事あるから，早く起きないと。 |
| | 2 | 断り | あ，俺の車は，家族しか保険をかけてないんだ。 |
| | 3 | 断り | 最近，よく外食してお金使いすぎちゃったんだ。 |
| | 4 | 断り | あ，そうなんだ，今から7時まで，コンピュータの授業があるんだ。 |
| | 5 | 断り | 明日かあ，考えとく。 |
| | 6 | 意見 | そうね。私は，仙台は，あまり。 |
| | 7 | 意見 | 北海道かあ，今の季節，北海道はちょっと。 |
| | 8 | 意見 | そうかな。 |
| | 9 | 意見 | うーん，君の気持ちはよく分かるけど。 |
| | 10 | 依頼 | あ，できれば。 |
| | 11 | 依頼 | あ，やばーい，財布，家に忘れちゃった。お金，貸してもらえない？ |
| | 12 | 依頼 | 私，今週末，引っ越しする予定なんだけど，手伝ってくれる？ |
| 非慣習 | 1 | 意見 | また買ってきてくれれば。 |
| | 2 | 意見 | 僕だったら，85点取れれば，うれしいよ。 |
| | 3 | 意見 | レストランが開けるくらいだよ。 |
| | 4 | 意見 | その授業の担当の先生，私のことあまり好きじゃないって知ってるでしょう。 |
| | 5 | 意見 | ああ，短い映画でよかったよ。 |
| | 6 | 意見 | 毎日疲れて死にそうだよ。 |
| | 7 | 皮肉 | 山田さんは本当に物覚えがいいのねえ。 |
| | 8 | 皮肉 | 私も今来たところだよ。たった2時間待っただけだから。 |
| | 9 | 不同意 | この前も山田さんと一緒で，上手くできなかったからなあ。 |
| | 10 | 依頼 | でも，留学説明会の冊子が欲しいなあ。 |
| | 11 | 誘い | そういえば，しばらくスキーしてないよね。 |
| | 12 | 誘い | そっかー。ねえ，おなかすいていない？ |

## 4.2.1.1　慣習的な間接発話理解課題

　慣習的な間接発話理解課題は12項目からなる。項目1から5までは，理由や言い訳を述べて断りを表わす形式で，これらは日常的によく使われる社会・文化的に共通した談話パターンである（Taguchi 2008c）。これらの5つの項目は，Morgan（1978）が提示した「使用の慣習」に相当する。なお，

項目５の「考えておく」について，藤巻（1996）および Taguchi（2008c）は，日本的な断り方の代表例であり，中国語話者が戸惑う日本語の表現の１つとして挙げている。つまり，表面的には否定的な意味はないものの，コミュニケーションにおいては否定的な機能を持つ「断りのサイン」である（藤巻1996）。依頼側の頼み事を引き受けるかどうかを考えるというより，はっきりと断ることができないので，断り保留の形を取り，断りの意図を間接的に依頼側に伝えていると考えて，「使用の慣習」として本研究の項目に選んだ。

　項目６の「あまり」，項目７の「ちょっと」のような数量詞副詞は，ネガティブな意思表明としてよく使われる（Taguchi 2008c）。項目６については，「あまり」を文末で否定表現なしで使用した。「あまり」は否定形と共起するのが典型的な形式であり，否定の部分を明言しなくても，発話者のネガティブな気持ちが容易に予測される。項目７の「ちょっと」は，相手にかける負担や相手に対する否定的な評価を表す際に緩和の方略としてよく使われる。項目８は，終助詞「かな」を含んで「そうかな。」の項目を設定した。「かな」は，躊躇を表す認識文末マーカー（epistemic sentence-ending markers of hesitancy）であり，日本語のネガティブな意見の特徴と考えられる（Taguchi 2008c）。「そうかな」は，相手の発言内容を受けた「そう」の後ろに「かな」がついて，相手の発言内容に不信，不同意を示す。項目９は，「けど」を含んだ「君の気持ちはよく分かるけど。」の項目である。「言いさし」表現で捉えられる「けど」は，話し手が自分の発話意図を言語化せずに聞き手にその意図を察してもらうことを目的としている。そのため，聞き手には，その言外の意図を読み取ることが期待される。これは，明言されない意図の伝達（朴2008）である。この項目も Taguchi（2008c）が指摘した否定的な意見を表す「部分的に賛成するストラテジー」および「中途終了文」の特徴に当てはまる。項目10は，「できれば」で終了する間接依頼の表現である。これは中途終了文で依頼の意図を相手に推察してもらうことを期待している。さらに，項目11と12の２つの項目を作成した。これらは，「〜てもらえる」「〜てくれる」の表現で，「要求」系依頼表現と「願望表出」系依頼表現である。主文として多用される。項目６から12までの７項目は，特定の言語形式や意味構造を持っており，Morgan（1978）が提示した「言語の慣習」に相当する。

### 4.2.1.2　非慣習的な間接発話理解課題

　非慣習的な間接発話理解課題についても 12 項目を設定した。項目 1 から
3 は「ポジティブな間接意見」，項目 4 から 6 は「ネガティブな間接意見」
の理解課題である。これら 6 つの項目は，良し悪しが明示されておらず，特
定の言語形式や意味構造も持っていない。一見すると先行発話と無関係に思
える発話で，間接的に自分の意見を示す。項目 7 と 8 は皮肉表現である。皮
肉は，字義通りの意味と話者の意図的意味が正反対で，文脈に依存してはじ
めて解釈できる。さらに，項目 9 の間接不同意，項目 10 の間接依頼，項目
11 と 12 の間接誘いの合計 4 項目は，言語表現の制限があまりなく，ほのめ
かしのストラテジーで話し手の意図を表し，その解釈を聞き手の推論に委ね
る表現である。


### 4.2.1.3　課題内容の長さと難易度の統制および選択肢の作成基準

　以上の慣習・非慣習的な間接発話文の 24 項目は，2 者間の対話の最後の
文として組み込んだ。対話の流れの自然さを保証するために，言語学の知識
を持つ 3 名の日本語母語話者に自然な対話の流れになるように修正してもら
った。フィラーの項目も同じような形で，直接発話を 8 項目加えた。
　12 項目ずつの慣習・非慣習的な間接発話理解課題について，(1) 対話の
テキスト全体の文字数と (2) テキストに含まれる語彙の難易度を統制した。
まず，文字数を慣習と非慣習で独立したサンプルの $t$ 検定で検討した。その
結果，有意な違いはみられなかった [$t$ (22) =.068, $p$=.95, $ns$]。これにより，
学習者の理解に対する慣習と非慣習の対話表現の長さ（文字数）の影響が統
制されていることを確認した。さらに，対話のテキスト自体の難易度を統制
した。リーディングチュウ太（http://language.tiu.ac.jp/）で，テキストに含
まれる語彙の難易度を検索した。その結果，慣習と非慣習の対話で使われて
いる語彙の難易度は，N2 レベル以下の割合がそれぞれ 88.9%，92.2% であっ
た。これで，慣習と非慣習で使われている語彙の難易度が，ほぼ N2 レベル
以下であることを確認した。
　また，内容理解について，Taguchi（2005）を参考にし，4 つの選択肢か

ら正解を１つ選ぶ形式の問題とした。正しくない選択肢として，正解の内容と「反対」である選択肢１つ，２者間の対話の「最後」の間接発話文のキーワードを含む選択肢を１つ，やり取りの「全体」の内容と関連する選択肢を１つ作るというパターンにした。上述した３名の日本語母語話者に選択肢の内容を修正してもらい，また正解が１つしかないことを確認してもらった。以下に理解課題の１例を挙げる。

【場面】院生室で日本人の学生とイギリスからの留学生が話しています。

　女の人：山田さん，今，時間ありますか？

　男の人：あ，マリアさん，どうしたんですか？

　女の人：これ，日本語で書いた期末レポートなんです。ちょっと急ですが，日本語をチェックしてもらえますか？

　男の人：<u>あ，そうなんだ。今から７時まで，コンピュータの授業があるんだ。</u>

【四者択一の選択肢】

　A　男の人は，マリアさんの日本語のチェックはすぐにはできません。（正解）

　B　男の人は，今からマリアさんの日本語のチェックをします。（反対）

　C　男の人は，７時から，コンピュータの授業があります。（最後）

　D　男の人は，日本語で期末レポートを書きました。（全体）

　最後に，32組の２者間の対話の内容を，関東出身の日本語母語話者男女合計２人に発音してもらい，録音した。

## 4.2.2　習熟度を測定するためのクローズテスト

　学習者の日本語習熟度を測定するために，小森・玉岡・近藤（2007）のクローズテストを使った。これは，増田光吉（1969）「アメリカの家族・日本の家族」の抜粋で，全585文字，86空所からなる。空所ごとに１点で86点満点である。小森他（2007）の信頼度係数は，$a$ =.95と高かった。

## 4.3 実施手順と採点方法

4.2で述べた2つのテストを中国西北地域のある大学の通訳実践教室で同時に行った。まず，学習者にクローズテストの質問紙を配布し，「漢字，ひらがな，カタカナのいずれか1文字を（ ）内に書き入れて，文の意味が通るように，文を完成してください」と教示し，20分後に回収した。次に，学習者に間接発話行為の理解テストの質問紙を配布し，「以下の録音を聞いてください。録音は1回しか流れません。録音を聞いて，最もふさわしい選択肢を選んでください」と教示した。2つのテストの所要時間は約50分であった。ヘッドホンを使って他の日本語学習者の声が聞こえないようにして，全員に一度に課題を実施した。採点方法は，正答が1点，誤答が0点で，間接発話行為の理解テストは慣習が12点，非慣習が12点の合計24点満点（フィラー項目は採点外）であり，クローズテストは，空所ごとに1点として，86点満点で計算した。

## 5 結果と考察

### 5.1 間接発話行為の理解に対する慣習性と習熟度の影響

47名のクローズテストの結果は，最高点が73点，最低点が22点であり，平均は53.26点，標準偏差は11.17点であった。信頼度係数は$\alpha$=.91と高かった。このクローズテストの結果にしたがい，47名の調査協力者をほぼ同人数になるように，下位・中位・上位の3群に分けた。下位群は22点から49点までの15人（$M$=40.33, $SD$=7.53），中位群は50点から58点までの16人（$M$=54.13, $SD$=2.36），上位群は59点から73点までの16人（$M$=64.50, $SD$=4.63）とした。間接発話理解テストの習熟度別の平均と標準偏差は表2に示した。

表2　慣習性と習熟度別にみた間接発話理解の結果

| 慣習性 | グループ | 平均 | 標準偏差 | 最高得点 | 最低得点 |
|---|---|---|---|---|---|
| 慣習的<br>12項目 | 上位群（$n$=16） | 10.63 | 0.89 | 12.00 | 9.00 |
| | 中位群（$n$=16） | 10.19 | 1.28 | 12.00 | 8.00 |
| | 下位群（$n$=15） | 7.93 | 2.34 | 12.00 | 4.00 |
| | 全体（$N$=47） | 9.62 | 1.96 | 12.00 | 4.00 |
| 非慣習的<br>12項目 | 上位群（$n$=16） | 9.75 | 1.61 | 12.00 | 7.00 |
| | 中位群（$n$=16） | 8.25 | 1.65 | 12.00 | 6.00 |
| | 下位群（$n$=15） | 5.33 | 2.32 | 9.00 | 2.00 |
| | 全体（$N$=47） | 7.83 | 2.60 | 12.00 | 2.00 |

　間接発話理解テスト（24点満点：慣習が12点，非慣習が12点満点）の
クロンバックの信頼度係数（$N$=47, $a$=.79）は，高かった。日本語の習熟度
（3群：下位・中位・上位群）×慣習性（2種類：慣習的・非慣習的）の二
元配置の分散分析を行った。その結果，慣習性の主効果は有意であった［$F$
$(1, 88)$ =25.05, $p$<.001, $\eta_p^2$=.22］。慣習的な間接発話行為のほうが非慣習的な
間接発話行為よりも正確に理解された。また，習熟度の主効果も有意であっ
た［$F$ $(2, 88)$ =34.01, $p$<.001, $\eta_p^2$=.44］。シェフェの多重比較の結果，下位群
が中位および上位群よりも有意に得点が低く，中位と上位群には差がなかっ
た。なお，習熟度と慣習性の交互作用は有意ではなかった［$F$ $(2, 88)$ =1.93,
$p$=.15, $\eta_p^2$=.04］。

## 5.2　慣習性・習熟度が間接発話行為の理解を予測する決定木分析の結果

　間接発話行為の慣習性と学習者の習熟度が間接発話行為の理解に及ぼす影
響をより詳細に分析するために，学習者が理解できたかどうか（従属変数）を，
日本語の習熟度別の3群（下位・中位・上位群）および慣習性の2種類（慣
習的・非慣習的）の2つの変数（独立変数）で予測する決定木分析を行った。
なお，Taguchi（2008c, 2009a）の結果と比較考察するために，慣習的な間接
発話理解課題における「使用の慣習」（理由・言い訳で表す間接断り）と「言
語の慣習」（特定の言語形式と意味構造）の下位課題を別々に扱った。習熟
度が慣習・非慣習的な間接発話行為の理解に及ぼす影響を比較考察するため
に，慣習性を最初の変数として指定した。分析の結果は図1に示した。

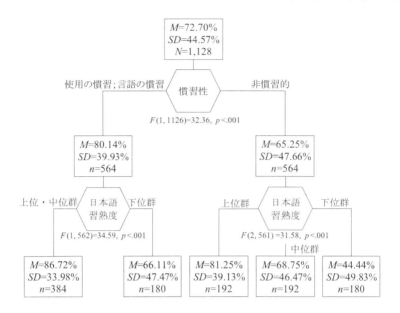

図1　間接発話行為の理解を予測する決定木分析の結果

　決定木分析の結果，「使用の慣習」と「言語の慣習」という慣習的な間接発話理解課題の結果が一つのノードになり，正答率はほぼ同じであった。慣習的な間接発話理解課題564回答の正答率は80.14%，非慣習的な間接発話理解課題564回答の正答率は65.25%で，両者に14.89%の差がみられた。分散分析の結果と同様に，この差は有意であった［$F(1, 1126)=32.36, p<.001$］。さらに，慣習的な間接発話行為の理解において，中位群と上位群の正答率はほぼ同じ（$M=86.72\%$）であり，下位群（$M=66.11\%$）より有意に高かった［$F(1, 562)=34.59, p<.001$］。一方，非慣習的な間接発話行為の理解については，下位群が44.44%，中位群が68.75%，上位群が81.25%で，習熟度が上がるにつれて正答率が高くなり，これらの正答率の違いも有意であった［$F(2, 561)=31.58, p<.001$］。

## 5.3　考察

　本研究では，慣習と非慣習の2種類からなる間接発話理解について，正確さを音声提示のテストで測定した。また，中国人日本語学習者の習熟度をク

ローズテストで測り，3群に分けた。そして，学習者の間接発話理解に対する慣習性と習熟度の影響を検討した。さらに，習熟度別に慣習・非慣習的な間接発話理解の状態も考察した。その結果は以下の4つに要約される。

　第1に，「使用の慣習」（理由・言い訳で表す間接断り）であれ，「言語の慣習」（特定の言語形式と意味構造）であれ，これらの特徴を有する慣習的な間接発話行為が，共に非慣習的な間接発話行為よりも理解されやすかった。これは英語・日本語母語話者の研究（Gibbs 1981, 1986; 仲・無藤 1983），英語を目標言語とする研究（Cook & Liddicoat 2002; Taguchi 2005, 2007 など），日本語を目標言語とする張（2017）の研究結果と一致した。しかし，Taguchi（2008c）などは，慣習的な間接意見は非慣習的な間接意見より理解され難いとし，本研究および上記の先行研究とは異なった結果を示した。Taguchi（2008c）は，この結果を慣習的な間接意見として使われるある特定の言語形式は学習者にとって特に難しいことが原因だと説明した。しかし，日本語学習者の母語が不統一であり，日本語能力も学年を指標としており，テストによって実測していない。これらの研究の手続きが，結果に影響したのではないかと考えられる。そこで本研究では，これらの2点を改善して調査した。

　中国語を母語とする学習者に統一した場合，慣習的な間接発話行為のほうが非慣習的な間接発話行為よりも正確に理解されることを実証した。これは，慣習的な間接発話行為が持っている特定の言語形式および意味構造が発話者の暗示的な意思表明と強く結びついており，また，理由や言い訳について使われる談話パターンも日中両言語間で共有しているので，学習者の理解が促進されやすかったと考えられる。なお，理由で間接断りを表わす談話パターンが日中間で共有していることを指摘した先行研究は，王・山本（2015, 2016）が挙げられる。王・山本（2015）は，中国語話者と日本語話者それぞれの「申し出」「助言」「勧誘」「依頼」に対する断り行動を考察し，4つの断り場面において，機能的要素の使用率が「意思表明（断り）」および「理由」で上位2位であることを示した。「意思表明」という機能要素は直接発話であり，本研究の検討対象ではないので，考えないことにする。そこで，「理由」を述べるという機能要素についてのみ考えると，「申し出に対する断り」については，日本語話者が67.4%，中国語話者が91.9%，「助言に対する断り」

については，日本語話者が 61.7%，中国語話者が 81.6%，「勧誘に対する断り」については，日本語話者が 76.1%，中国語話者が 75.0%，「依頼に対する断り」については，日本語話者が 91.3%，中国語話者が 83.8%，という高い使用率であった。

　第2に，学習者の日本語習熟度が強く間接発話行為の理解に影響した。これは，Cook & Liddicoat（2002）および Taguchi（2005）などの結果と同じである。本研究では，間接発話行為の理解課題を音声で提示したので，学習者の日本語の語彙と文法の即時的な理解と反応が要求された。習熟度の高い学習者は，習熟度の低い学習者より，語彙と文法知識が豊富であり，語彙の意味と文法機能に迅速にアクセスすることができたと考えられる。習熟度の高い学習者は，間接発話行為の内容を的確に解釈し，関連のある情報だけを効率よく取り出し，四者択一の質問に正しく答えることができたのではないかと思われる。

　第3に，慣習・非慣習的な間接発話行為の理解には，日本語習熟度の影響が異なったパターンでみられた。慣習的な間接発話行為の場合は，中位群までにほとんどの言語形式および談話パターンが習得できると推察される。この結果は，日本語学習の早い段階で，慣習的な間接発話行為の特徴を教えることが学習者の理解を促進することを示唆している。「ちょっと」や「あまり」という言語形式は，ネガティブな意見と関係しやすい。このような特定の言語形式や意味構造と特定の発語内効力との関わりを明示的に指導することが有効であろう。また，理由・言い訳で表す断りの談話パターンについて，学習者に発話者の意図を分析することを意識させたり，母語と比較をさせたりすることで，学習者の理解の向上に貢献すると思われる。

　第4に，非慣習的な間接発話行為の理解正答率は，学習者の習熟度の向上につれて下位・中位・上位群と順次伸びていた。これは，非慣習的な間接発話行為の理解プロセスに関連していると考えられる。非慣習的な間接発話行為は，字義通りの意味を理解した上で，文脈の推論によって理解されると考えられる（清水 2009）。学習者の習熟度が高くなるにつれて，非慣習的な間接発話行為の字義通りの意味理解ができるようになる。また，成人である学習者の言語能力が一定のレベルに達すれば，母語の基本的な推論能力を外国

語に適用することができるようになる。つまり，字義通りの意味と発話者の意図との間の関連性を見出すことが容易にできるようになると思われる。そこで，非慣習的な間接発話行為の理解を促進するためには，学習者の言語能力を十分に培うことが大前提である。言語能力が十分でない段階では，文脈情報などの手がかりを意識させることが重要だと考えられる。たとえば，イントネーションやポーズなどのパラ言語およびマナーなどの社会・文化的な常識を活用することが挙げられる。また，学習者にさまざまな間接発話の場面を提示して，間接発話行為の使用動機（たとえば：ポライトネス，皮肉，責任回避など）を理解させることも大切だと考えられる（Taguchi 2007）。これらの示唆が，日本語教育現場で活用されることが期待される。

## 参考文献

王源・山本裕子（2015）「親しい友人に対する断り行動の日中対照研究」『中部大学人文学部研究論集』34, 19-35.

王源・山本裕子（2016）「日本人と中国人は場面の捉え方がどのように異なるか―『助言』に対する断り行動を中心に―」『日本語教育研究』62, 82-99.

小森和子・玉岡賀津雄・近藤安月子（2007）「第二言語としての日本語の単語認知に及ぽす文脈の影響―二言語混在文の正誤判断における抑制効果の観察を通して―」『小出記念日本語教育研究会論文集』15, 7-21.

清水崇文（2009）『中間言語語用論概論―第二言語学習者の語用論的能力の使用・習得・教育』スリーエーネットワーク

スニサー ウィッタヤーパンヤーノン（2001）「間接的発話行為の考察について―理解・表現を中心に―」『三田國文』34, 56-73.

スペルベル, D. & ウイルソン, D.（1995）『関連性理論―伝達と認知』内田聖二, 中逵俊明, 宋南先, 田中圭子（訳）, 研究社

張麗（2017）「慣習性が学習者の間接発話行為の理解に与える影響―JFL 中国人上級日本語学習者を対象として―」『日本語教育』167, 31-45.

仲真紀子・無藤隆（1983）「間接的要求の理解における文脈の効果」『教育心理学研究』31(3), 195-202.

萩原明子（2006）「日本語での発話理解：第二言語話者と母語話者」『東京薬科大学研究紀要』9, 57-64.

朴仙花（2008）「現代日本語における接続助詞で終わる言いさし表現について―『けど』『から』を中心に―」『言葉と文化』9, 名古屋大学大学院国際言語文化研究科, 253-270.

藤巻和代（1996）「中国語話者と日本人の日本語による『誤解』：断りの表現を中心に」『言語科学研究：神田外語大学大学院紀要』2, 143-156.

松見法男・森敏昭（1995）「外国人留学生における日本語婉曲表現の理解」『広島大学教育学部紀要 第一部（心理学）』44, 83-87.

Bouton, L. (1988). A cross-cultural study of ability to interpret implicatures in English. *Word Englishes, 2,* 183-196.

Cook, M., & Liddicoat, A. J. (2002). The development of comprehension in interlanguage pragmatics: The case of request strategies in English. *Australian Review of Applied Linguistics, 25,* 19-39.

Ercanbrack, J. (1994). Pragmatic competence in indirect speech acts: Assessing ESL learners' comprehension of indirect answers to questions. *言語文化研究（松山大学), 14 (1),* 35-59.

Gibbs, R. W. (1981). Your wish is my command: convention and context in interpreting indirect requests. *Journal of Verbal Learning and Verbal Behavior, 20,* 431-444.

Gibbs, R. W. (1986). What makes some indirect speech acts conventional? *Journal of Memory and Language, 25 (2),* 181-196.

Hagiwara, A. (2009). Comprehending utterances in Japanese as a foreign language: Formulaicity and literality. In N. Taguchi (Ed.), *Pragmatic Competence* (pp. 227-248), Berlin-New York: Mouton de Gruyter.

Morgan, J. L. (1978). Two types of convention in indirect speech acts. In P. Cole (Ed.), *Syntax and Semantics 9: Pragmatics* (pp. 261-280), New York: Academic Press.

Taguchi, N. (2005). Comprehending implied meaning in English as a foreign Language. *The Modern Language Journal, 89,* 543-562.

Taguchi, N. (2007). Development of speed and accuracy in pragmatic comprehension in English as a foreign language. *TESOL Quarterly, 41*, 313-338.

Taguchi, N. (2008a). Cognition, language contact, and the development of pragmatic comprehension in a study-abroad context. *Language Learning, 58*, 33-71.

Taguchi, N. (2008b). The role of learning environment in the development of pragmatic comprehension. *SSLA, 30*, 423-452.

Taguchi, N. (2008c). Pragmatic comprehension in Japanese as a foreign language. *The Modern Language Journal, 92*, 558-576.

Taguchi, N. (2008d). The effect of working memory, semantic access, and listening abilities on the comprehension of conversational implicatures in L2 English. *Pragmatics & Cognition, 16*, 517-539.

Taguchi, N. (2009a). Comprehension of indirect opinions and refusals in L2 Japanese. In N. Taguchi (Ed.), *Pragmatic Competence* (pp. 249-274), Berlin-New York: Mouton de Gruyter.

Taguchi, N. (2009b). Corpus-informed assessment of comprehension of conversational implicatures in L2 English. *TESOL Quarterly, 43*, 738-749.

Takahashi, S., & Roitblat, H. L. (1994). Comprehension process of second language indirect requests. *Applied Psycholinguistics, 15*, 475-506.

Yamanaka, J. E. (2003). Effects of proficiency and length of residence on the pragmatic comprehension of Japanese ESL learners. *Second Language Studies, 22 (1)*, 107-175.

日本語読解学習支援システム「リーディングチュウ太」http://language.tiu. ac.jp/（最終アクセス日：2018年6月5日）

# 中国語を母語とする日本語学習者の"会"が関与する誤用

張　浩然（京都外国語大学大学院生）

## 要　旨

　本稿では、「＊ドアが開（あ）くことができる」のような日本語の可能表現の誤用について、学習者の母語である中国語の可能を表す形式"会"との関係に着目し、その原因を明らかにした。その原因とは、学習者が母語の"会"と日本語の可能表現の相違を理解しておらず、「必然性」を表す"会"を日本語でどう表現するのかにおいて問題が生じていることである。

　"会"は日本語の可能表現と同様に、「能力」を表すことができる。しかし、日本語の可能表現で表せない「必然性」の意味も持っているため誤用が起きやすい。学習者に対する調査の結果、次の３点のことが分かった。第１に、学習者は必然性の"会"に対応する日本語表現が分からない場合、目標言語（日本語）の「能力」の「（ら）れる／ことができる」を用いて"会"を訳そうとする。第２に、通常は日本語の「はずだ」で訳されるべき必然性の"会"でも、学習者は「はずだ」を使用しない。第３に、中国語では状態変化を表す際に"会"が義務的に用いられるため、学習者は"会"の翻訳として不必要な「ている」「なる」を動詞に付ける。

**キーワード**：誤用、可能表現、未実現の状態変化、必然性の"会"

## 1　はじめに

　中国語を母語とする日本語学習者（以下、学習者）の日本語に可能表現の誤用が起こることがしばしば指摘されている。張麟声（2001）では、可能表現の誤用について次のように述べられている。

　「可能という文法的意味は世界の言語において普遍的なものですが、言語によっては、そのような意味を表す形が常に動詞と別々に存在していることもあれば、その意味自体が一部の動詞の中に含まれそのような動詞を使うだけで可能の意味を表せることもあります。中国語は前者で、可能の意味を表

す場合は必ず可能形式を使います。このことが中国語を母語とする学習者の頭には強く焼き付けられているのです。」(張麟声 2001：104)

中国語では可能を表す形式が日本語で可能を表す形式と対応していないこともあり、これが日本語の誤用を誘発する。本稿は学習者の母語である中国語を出発点とし、日本語の可能表現とそれに対応する中国語のいわゆる「可能表現」の相違を説明することで学習者の母語の知識を利用した誤用の解決が可能であると考える。そのためには、中国語のいわゆる「可能表現」の特徴を形式ごとに考察する必要がある。本稿では中国語の「可能表現」である"会"をとりあげる。

## 2 "会"の意味特徴

よく知られているように、"会"は「能力」と「必然性」を表す。2では、"会"で「能力」を表す場合は基本的に日本語の可能表現に訳せるが、「必然性」を表す場合は基本的に日本語の可能表現に訳せないことを示す。"会"が表す「能力」とは、(1)のような後天の習得を経て身につけるもの（以下、「後天的能力」）と、(2)のように生まれたときから既に備わっているもの（以下、「先天的能力」）である。「能力」の意味は(1)(2)のように日本語でも可能表現に訳出される。

(1) 小张会说日语。(張さんは日本語が話せる。) [後天的能力]

(2) 老鼠会打洞。(ネズミは穴を掘ることができる。) [先天的能力]

また、(3)のように"会"の直前に高程度を表す副詞"很(とても)"をつけると、日本語の「〜に長けている」「〜するのが得意」「〜が上手い」などの表現に対応するものになる（以下、「堪能」）。「堪能」は「ある能力が上達している」という意味で「能力」に分類されている（鲁晓琨 2004、彭利贞 2005 など）。本稿もこの分類に従い、「後天的能力」「先天的能力」「堪能」を「能力の"会"」の下位分類とする。

(3) 他很会说话。(彼は話が上手い。) [堪能]

"会"は「能力」を表すはか、(4)(5)(6)のような「必然性」を表すこともできる。「必然性」とは、事態が必ず実現すると話し手が認識していることを表す。(以下、「必然性の"会"」)

（4）明天会下雨。（明日雨が降る<u>だろう</u>。）

（5）水到零度会结冰。（水は零度になると<u>凍る</u>。）

（6）我一会儿会去的，别担心。（後で<u>行く</u>から、心配しないで。）

　たとえば、（4）は話し手が雨が必ず降ると認識していることを表している。（5）は零度になると、水は必ず凍ると認識していることを表している。（6）の主体は第一人称であり、話し手が自分自身によって実現する「行く」という事態が必ず実現すると認識していることを表している。このような必然性の“会”は（5）の「凍る」、（6）の「行く」のような「動詞の終止形」、（4）のような「だろう」などで表現され、認識的モダリティとされるが、日本語では可能表現を用いて表すことができない。このため、学習者の“会”による誤用が起きやすいと考えられる。

## 3　調査1

　学習者は“会”を日本語で適切に表現できるのだろうか。この実態を明らかにするため、翻訳調査を実施した。調査1で中国語を母語とする学習者が能力の“会”と必然性の“会”のどちらで誤用を起こしやすいのかを明らかにする。調査協力者（以下、協力者）は中国語を母語とする日本語学習者24名（日本語能力試験N3以上[1]）である。

### 3.1　調査1の概要

　“会”を用いる中国語文を12件提示し、協力者に自然な日本語に訳してもらった。（7）－（13）は「能力」を表す“会”の調査文で、（14）－（18）は「必然性」を表す“会”の調査文である。実際の調査票ではランダムな順序で提示した。

　2で述べたように、“会”が表す「能力」は「後天的能力」「先天的能力」「堪能」に分けられる。このような意味の分類を基準とし、「後天的能力」を表すもの（（7）（8）（9））、「先天的能力」を表すもの（（10）（11））と「堪能」を表すもの（（12）（13））を作成し、調査文とした。

---

1　ほとんどはN2〜N3である。ただしN1が2名含まれる。

（7）我跟妈妈学过做麻婆豆腐。我会做麻婆豆腐。（母に麻婆豆腐の作り方を学んだことがある。麻婆豆腐が<u>作れる</u>。）

（8）我是广东人会说广东话。（広東の人だから広東語が<u>話せる</u>。）

（9）我女儿才上幼儿园就会唱十几首歌了。（娘はまだ幼稚園児なのに、十数曲の歌が<u>歌える</u>。）

（10）为什么女人会生孩子，男人却不能？（なぜ女は子供を<u>産める</u>のに、男性はできないの？）

（11）这种昆虫会飞。（この種類の昆虫は<u>飛べる</u>。）

（12）她<u>很会</u>买东西，总是能买到又便宜又好的商品。（彼女は買い物が<u>上手だ</u>。安くていいものをよく買ってくる。）

（13）他不会酿酒却很会喝酒。只要闻一闻味道就知道是不是好酒。（彼はお酒を作れないが、<u>お酒に詳しい</u>。匂いを嗅いでみるだけでいいお酒かどうかが分かる。）

必然性の"会"の調査文は、鲁晓琨（2004）の分類を援用し、NP が VP をコントロールできるかどうかを基準として作成した。鲁晓琨（2004）では、「能力」を表す"会"を"会$_1$"とし、「必然性」を表す"会"を"会$_2$"としている。さらに、VP をコントロールできるかどうかによって、"会$_2$"がさらに二分類されている。

「NP が VP をコントロールできないとき、"会$_2$"はある条件によってある状況の出現あるいは存在の必然性を推測することを表す。」

（鲁晓琨 2004：145、原文中国語、日本語訳筆者）

「NP が VP をコントロールできるとき、"会$_2$"はある主体の主観的な決定によって、ある状況の出現あるいは存在の必然性を推測することを表す。」

（鲁晓琨 2004：146、原文中国語、日本語訳筆者）

（14）-（17）の NP は VP をコントロールできないものである。つまり、（14）の NP は「私たち」という有情物であるが、「成功すること」をコントロールできない。（15）の NP は無情物の「自動ドア」であり、「開くこと」をコントロールできない。（16）と（17）は（15）と同様である。（18）は NP である「私」が「私」の意志によって「行くこと」をコントロールできるものである。

(14) 凡事貴在堅持，只要我们坚持下去总有一天会成功的。（何事も継続が大切だ。頑張りぬけばいつかきっと<u>成功する</u>。）

(15) 这是个自动门，当有人靠近时就会开。（これは自動ドアだ。人が近づいたらドアが<u>開く</u>。）

(16) 我们可以用温度计测量，当温度达到一百的时候水就会沸腾。（温度計で測ってみたところ、温度が百度になる際に水が<u>沸騰する</u>。）

(17) 一切都会好起来的，你们别为我担心。（すべてのことがよく<u>なる</u>から、私のことは心配しないでください。）

(18) 其实你们就算请我去，我也不会去的。（たとえあなたが私を誘ったとしても、私は<u>行かない</u>。）

協力者がこれらの調査文をどのように日本語に訳したのかを 3.2 で考察する。

## 3.2　調査1の結果

"会" は日本語では「動詞の終止形」「はずだ」「だろう」に訳される。これらの形式が適切に使用されている回答を正用とし、それ以外のものを誤用とする。なお、語彙の間違いは本稿の考察対象としない。

誤用の回答に対し、それぞれの調査文の回答件数を分母として誤用率を算出した。ここでは紙幅の都合上、誤用率が 25％以上の結果のみを示す（小数点以下を四捨五入）。「後天的能力」を表すものが 1 件（(9) 29％）、「先天的能力」を表すものが 1 件（(10) 75％）、「堪能」を表すものが 1 件（(12) 25％）、NP が VP をコントロールできない場合の必然性を表すものが 3 件（(15) 75％、(16) 41％、(17) 25％）であった。

さらに、誤用率が高い調査文について学習者が主にどのような形式を用いて誤用になったのかを考察する。その結果を表 1 で示す。

表1　誤用率が25%以上の調査文に現れた誤用回答

| 調査文番号 | 誤用回答 | 全回答の中での出現比率 | 誤用回答の中での出現比率 |
|---|---|---|---|
| (9) | 過去形<br>（うたうことになりました/うたった） | 21% | 71% |
| (10) | うまれる | 38% | 53% |
| (12) | 可能表現<br>（買い物がうまくできる/品物を買うことができる） | 21% | 83% |
| (15) | 可能表現<br>（あける/あくことができる/ひらくことができる） | 46% | 61% |
| (16) | 可能表現（わくことができる/わける/沸騰できる） | 13% | 30% |
| | ている（沸騰している/沸いている） | 13% | 30% |
| (17) | 可能表現（なることができる/なれる） | 21% | 100% |

　表1の読み方を、(12) を例として説明する。「誤用回答」の欄にある「可能表現」とは (12) の誤用の典型例が可能表現だったことを表す。そして、21％とは (12) の全回答件数のうち、「可能表現」が21％を占めたことを表す。83％は (12) の回答に現れた誤用のうち、「可能表現」が83％を占めたことを表す（小数点以下を四捨五入）。

　表1から分かるように“会”は可能表現で訳されて誤用になることが多い。では、なぜ協力者はこのような誤用を産出したのだろうか。このことを明らかにするため、フォローアップインタビューを行った。

## 3.3　調査1のフォローアップインタビュー

　フォローアップインタビューは半構造化インタビューの形式で、翻訳調査の協力者のうちの14名を対象に行った。インタビューは中国語で行ったため、以下で示す回答はすべて筆者が訳したものである。

　まず、能力の“会”の文（9）（10）（12）の結果を考察する。

（9）我女儿才上幼儿园就会唱十几首歌了。（娘はまだ幼稚園児なのに、十数曲の歌が歌える。）

(10) 为什么女人会生孩子，男人却不能？（なぜ女は子供を産めるのに、男性はできないの？）

(12) 她很会买东西，总是能买到又便宜又好的商品。（彼女は買い物が上手だ。安くていいものをよく買ってくる。）

（9）（10）は日本語では可能表現を使って翻訳すべきだが、使用されていない。インタビューから協力者は「すでに習得できた能力や生まれつきの能力に対しては可能表現を使用する必要がない」と考えていることが分かった。

一方、（12）は日本語では可能表現を使って翻訳すべきではないが、可能表現が使用されて誤用になっている。協力者は、「堪能」を「ある能力の上達」すなわち、「能力」と理解し、それを日本語の可能表現で訳したと言っている。このことから、学習者の誤用は母語に影響されたものである可能性があると考えられる。

次に、「必然性」を表す調査文を考察する。2でも述べたが、（15）-（17）のような必然性の"会"は日本語で可能表現を用いて訳すと誤用になる。

(15) 这是个自动门，当有人靠近时就会开。（これは自動ドアだ。人が近づいたらドアが開く。）

(16) 我们可以用温度计测量，当温度达到一百的时候水就会沸腾。（温度計で測ってみたところ、温度が百度になる際に水が沸騰する。）

(17) 一切都会好起来的，你们别为我担心。（すべてのことがよくなるから、私のことは心配しないでください。）

フォローアップインタビュー調査では、（15）の翻訳調査における「あける」という形式の回答のうち、自動詞だと認識して書いたものと「あく」の可能形式だと認識して書いたものがあることが分かった。協力者が可能表現を用いて誤用を産出した原因は次の（19）のようにまとめることができる。

(19) ⅰ．日本語の可能表現は中国語の「必然性」を表す"会"の意味をもつと誤解している。

ⅱ．中国語の必然性の"会"を表現する日本語が分からないため、可能表現を用いる。

(19) ⅰは具体的には（20）のような回答であった。

(20) 協力者のインタビューの回答

協力者D：ここは、水の<u>特性</u>を言っていると思う。だから「沸くことができる」を使った。

協力者K：この文は<u>原理</u>を言っているでしょう。つまり、100度になると自然に沸く。「能力」ではない。状況かな。日本人からすると可能表現を使うのはおかしいかもしれない。<u>でも、私は「ことができる」も正しい表現だと思う。</u>私なら、こう言う。

協力者L：私が書いたのは「ひらくことができる」。自動ドアは<u>自動的にひらくから、まず自動詞を使うべきだと思う。</u>（「ひらくことができる」は）誰かが近づくと、すぐに開くという意味。

　協力者Dと協力者Kが言っている「特性」と「原理」とは、物事の動きそのものが持っている特性とも言うべきルールに従い、必然的に実現するということである。つまり、ここでは「水が沸く」という事態は「100度になると沸く」という水が持っているルールに従い、必然的に実現するということである。協力者Kはこの意味を表そうとして「沸くことができる」を用いたのである。協力者Lはこの意味を表すには「ことができる」を使用するのが正しいと思っており、「ひらくことができる」を用いてドアが自動的にあくという意味を表そうとしている。これらの回答から（19）ⅰが導ける。

　次に、（19）ⅱについての分析を示す。（19）ⅱは具体的には（21）のような回答であった。

(21) 協力者のインタビューの回答

協力者Q：後ろの部分はどう書けばいいのか分からない。"会"があるから、可能態を書いたが、<u>でもこの正解は可能態じゃないと思う。正解が分からないから、可能態にした。</u>

協力者A：<u>違うと思うけど、</u>動詞だけでは不自然だと思ったので、<u>不自然さをなくすために可能表現を付けた。</u>

　下線部から次のようなことが分かる。協力者は日本語の可能表現は母語の必然性の"会"の意味を表すことができないと理解しているが、必然性の"会"

36

に対応する日本語表現が見当たらないと思っているのである。中国語では"会"が「必然性」だけでなく「能力」も表せてしまうため、日本語の「能力」を表す可能表現を一時的に代用して誤用となっているとも言える。さらに、同様の理由で必然性の"会"を正しく訳出した協力者もいた。協力者Gは調査文（14）について、「『成功する』だけでは不自然だと感じたが、何を付けたらいいか分からなかったので、終止形『成功する』のままにした。」と回答した。協力者Gの回答は正しいが、何を付けたらいいかが分からないため、一時的に終止形を代用して訳しているにすぎない。よって、正しい認識を持っているとは言えない。

　以上、調査1の結果から、協力者が可能表現の誤用形式を用いた理由と母語の必然性の"会"の関係を明らかにした。

　ところで、協力者の正用の回答を見ると、"会"はほぼ動詞の終止形で訳されており、（22）のように「だろう」を用いた回答は1件のみであった。

　（22）頑張り続ければいつかきっと成功する<u>だろう</u>。（調査文（14））

　「だろう」「はずだ」などを用いない原因は、協力者が文脈からこれらの形式を使用する必要を感じなかったためではないかと考えられる。そこで、調査2では日本語訳に「だろう」「はずだ」などが訳出される調査文を加えることにした。


## 4　調査2

　調査2の目的は、日本語に訳せば「だろう」「はずだ」が現れる中国語調査文を訳す場合の協力者の正用回答の「だろう」「はずだ」の使用率を見ることである。

　調査2の対象は、調査1の協力者とは異なる13名の中国語を母語とする協力者（日本語能力試験N3レベル以上）である。


### 4.1　調査2の概要

　"会"が用いられる中国語文を17件提示し、自然な日本語に訳してもらった。なお、調査2は"会"の「必然性」を表すもののみを考察対象とするが、ダミーとして「能力」と「堪能」を表す"会"の文も調査文に入れた。（23）

－(34) までが「必然性」を表す"会"の調査文である。"会"が日本語で「動詞の終止形、だろう、はずだ、に違いない、かもしれない、てしまう、のだ²」に訳される文を用意したが、学習者の回答にほかの適切な形式が現れた場合も正用とする。

(23) 春天花会开。（春になると花が<u>咲く</u>。）

(24) 水到零度会结冰。（水は零度になると<u>凍る</u>。）

(25) 在西藏海拔高的地方，60度时水就会开。（チベットの標高が高いところでは、60度になると水が<u>沸く</u>。）

(26) 这是个自动门，当有人靠近的时候就会开。（これは自動ドアだ、人が近づくとドアが<u>開く</u>。）

(27) 今天是星期一，10点左右银行就会开门的。（今日は月曜日だから、銀行は10時ぐらいに<u>開くはずだ</u>。）

(28) 这一年里，不管刮风下雨他每天都准时到，今天也不会迟到的。（この一年間、雨でも風でも彼は毎日時間通りに来たから、今日も遅刻する<u>はずがない</u>。）

(29) 我以为她休息两天就会好起来，但是那之后的一个月她都没来上学。（私は彼女が二三日ゆっくりすれば元気に<u>なるだろうと</u>思った。でも彼女はそのあと一か月も学校に来なかった<u>のだ</u>。）

(30) 凡事贵在坚持，我相信只要我们坚持下去总有一天会成功的。（何事も頑張り抜くことが大事だ。努力し続ければいつか成功する<u>だろう</u>と信じている。）

(31) 我在心里对自己说，继续照着这样干下去我们家总有一天会重新发起来的。（心の中で自分に言った。このまま頑張れば、我が家も、再び豊かになる<u>に違いない</u>。）

(32) 要是将来有一天我出名了，我住的这个地方就会成为景点，到时候你来我家就要收费了。（もし将来私が有名になれば、今住んでいるところが観光地になる<u>かもしれない</u>。そうなると、うちに来るときは料

---

2　筆者は中国語とその日本語訳が付いている小説、雑誌で必然性の"会"を用いる文を集めた結果、必然性の"会"を用いる文の日本語訳には「動詞の終止形、だろう、はずだ、に違いない、かもしれない、てしまう、のだ」が現れている。

38

金を取られるよ。)

(33) 有些人有了喜欢的偶像就会为了追星花光自己的积蓄。(ある人たちは好きなアイドルができたら、アイドルを追いかけるために貯金を全部使い切ってしまう。)

(34) 卖棉花糖的人做的其实都是孩子买卖，孩子喜欢大人才会买。(わたあめを売っている人はじつは子供相手のものを作っているのだ。子供が喜ぶからこそ、人人は買うのだ。)


## 4.2 調査２の結果

協力者の正用回答をみると、「動詞の終止形」以外の形を用いて正用になったのは調査文 (28) の回答のみ (2件) であった。そのため、「だろう」「はずだ」などの使用率が上がったとは言えない。

ただし、次のことが新たに分かった。(28) は日本語訳に「はずだ」が現れる文として作成したものであり、動詞の終止形のみを用いると誤用になる。また、学習者は (35) のように「はずだ」に訳すべきところで動詞の終止形のみを用い、不自然な日本語を産出することがある。

(35) ＊彼はこの一年間、雨でも風でも彼は毎日時間通りに来たから、今日も遅刻しない。

さらに、注目すべきは、必然性の"会"が用いられ未実現の状態変化を表す際に、協力者は日本語で「ている」「なる」を用いて誤用を産出することもあることである。これは、中国語では未実現の状態変化を表す際に"会"などを用いないと不自然になるという規則があるからだと考えられる。(36)は「ている」「なる」を用いて誤用になった回答の一部である。

(36) 調査文 (23) の回答：＊春の時、花が咲いている。(協力者⑦)
　　　調査文 (24) の回答：＊凍ることがなります。(協力者⑩)
　　　調査文 (25) の回答：＊すぐ沸騰しています。(協力者⑦)
　　　　　　　　　　　　　＊水が沸騰するになっています。(協力者④)
　　　　　　　　　　　　　＊水が沸いている。(協力者③)
　　　調査文 (30) の回答：＊ある日絶対に成功になる。(協力者⑩)

回答で「なる」「ている」が多用されている原因を明らかにするため、こ

れらを用いた協力者にフォローアップインタビューを行った。

## 4.3 調査2のフォローアップインタビュー

フォローアップインタビュー調査は、協力者13名のうち12名の協力者に半構造化インタビューの形式で行った。(37)は協力者のインタビュー回答例である。

(37) 協力者のインタビューの回答

協力者⑦：状態を表しているので、「ている」を付けた。

協力者⑩：変化を感じたから、「なる」を使った。

(38) ＊チベットの標高が高いところでは、60度の時水が<u>沸いている</u>。

（在西藏海拔高的地方，60度时水就会沸腾。）

(37) から、協力者⑦と協力者⑩は、それぞれ「状態」と「変化」の面を取り出し、「ている」「なる」で表現しようとしていることが分かる。これを(38) を例にして説明すると、次のようになる。「沸騰する」は状態変化を表す動詞である。この文では、未実現の状態変化を表しており、"会"の使用が要求される。母語の中国語では未実現の変化を表す場合、動詞だけでは不自然であるという規則があるため、協力者は日本語に訳す際にも母語の規則にそって動詞の終止形に何らかの形式を付けたがるのだと考えられる。

木村(1997)でも「変化」と"会"の関係について次のように述べられている。

「変化動詞は未来の事態を表す際に、テンスを表す助詞"了"あるいは、能願動詞の"会"と併用しなければならない。」

（木村 1997：188、原文中国語、日本語訳筆者）

## 5 まとめと今後の課題

本稿で明らかにしたことは、以下の (39)-(41) のようにまとめられる。

(39) 学習者は、母語の必然性の"会"の意味を日本語で表出したくてもその日本語表現が分からないことがある。"会"は「能力」の用法も有するため、学習者は目標言語（日本語）で「能力」の用法をもっている「（ら）れる／ことができる」を用いて必然性の"会"の意味を表そうとして誤用を産出することがある。

(40) 学習者は、「はずだ」に訳すべきところで動詞の終止形のみを用い不自然な日本語になることがある。

(41) 未実現の状態変化を表す際に、母語の中国語では未実現の変化を表す場合、動詞だけでは不自然であるという規則があるため、学習者は目標言語（日本語）でも動詞に何らかの形式を付けたがる。日本語の「ている」「なる」は状態変化を表す表現だと考え、それらを"会"に付けて誤用を産出することがある。

　しかし、中国語では"会"がなくても、ほかの形式で未実現の状態変化を表す文があり、これについても日本語の「ている」「なる」の誤用が起こるかどうかについて追加調査で確認した。追加調査の結果について紙幅の都合上、稿を改めて示す。今回は"会"が誤用にどのように影響するかに注目したため、条件節の有無や動詞の影響を見ることができなかった。また、協力者の数が少なかったため、学習者の日本語のレベルによる誤用の産出率と誤用形式の傾向が分析できなかった。これらを今後の課題とする。

## 引用文献

木村英樹（1997）「'変化'和'动作'」『橋本萬太郎記念中国語学論集』内山書店，pp.185-197.

張麟声（2001）『日本語教育のための誤用分析－中国語話者の母語干渉20例－』スリーエーネットワーク

彭利贞（2005）《现代汉语情态研究》复旦大学博士论文

鲁晓琨（2004）《现代汉语基本助动词语义研究》中国社会科学出版社

## JFL環境における中国人日本語学習者の授受補助動詞の使用について
### —「叙述」場面を例にして—


陳　蒙（関西大学大学院生）


### 要　旨

　授受補助動詞は中国人日本語学習者にとって習得が困難である。本研究は
JFL環境における中国人日本語学習者の運用力の向上を目指し，現行の教科
書における文法記述への改善を提案するための基礎研究である。JFL環境に
おける中国人日本語学習者を対象に，発話してもらう形の調査で「叙述」場
面における使用状況を日本語母語話者の使用状況と比較しながら明らかにし
た。さらに，フォローアップインタビューを通して，学習者の内省を考察し，
学習者の使用状況と教科書における文法記述の関わりを確認した。


**キーワード**：JFL環境，中国人学習者，授受補助動詞，「叙述」場面


### 1　はじめに

　授受補助動詞は日本語の文法における難点の一つであり，複雑な体系を
持っている。山田（2011）は，「日本語における授受補助動詞の三項対立は
世界の他の言語において管見の限り類を見ない」と述べている。日本語学習
者による授受補助動詞の脱落，つまり非用という語用論的な誤りがよく見
られることは数多くの先行研究において指摘されている（堀口 1984, 大塚
1995, 市川 1997, 劉 1999, 王 2000, 中崎 2001, 荒巻 2003, 孫 2017 など）。
以下の１）～５）が非用の例である（下線は筆者による）。

　　１）その友達のお母さんが，私たちを自分の息子のように<u>かわいがった</u>。(堀
　　　　口 1984)
　　２）（ホームステイ先の）お父さんが車で日光に<u>連れて行きました</u>。
　　　　（市川 1997）
　　３）先生は私の意見をとても面白いと<u>おっしゃった</u>。（王 2000）
　　４）先生が玄関で遅くまでずっと私たちを<u>待っていました</u>。（中崎 2001）

5）友達は善光寺のバスを私に教えました。（荒巻 2003）

　これまでの先行研究は主に質問紙調査を通して学習者の使用状況を調べたものである。荒巻（2003）は，「実際の発話と書いた文とでは異なる可能性もあるため」，「インタビュー形式などを用いて実際の発話を分析する方法も必要であろう」と指摘しているが，JFL 環境における中国人日本語学習者（以下，学習者）を対象に，発話してもらう形で授受補助動詞の使用状況を調査する研究は管見の限りない。話してもらう調査を通じて学習者の使用状況がどうなるかを明らかにする必要があると考えられる。

## 2　先行研究及びその問題点

　授受補助動詞は日本語学習者にとって習得が困難であることは数多くの先行研究によって指摘されている（王 2000, 荒巻 2003, 孫 2017 など）。さらに，劉（1999），王（2000），孫（2017）等は学習者による授受補助動詞を使用すべきところで使用しないこと，つまり非用を指摘し，その原因についても分析している。

　しかし，学習者の非用についての研究は主に先行動詞の影響，母語の干渉などを中心に論じて，指導法の提案を目的とするものである。学習者の授受補助動詞の使用，非用及びその原因に対する学習者自身の認識，また非用と教科書における文法記述とのつながりについての研究はまだ少ないと言える。

　授受補助動詞を考察するにあたっては，使用場面に注目する必要がある。孫（2017）では，行為の授受を表す発話の場面を，行為の与え手が会話の聞き手であるか，「話題の人物（第三者）」であるかによって，以下のように，「対話」の場面と「叙述」の場面に分けている。

「対話」の場面
6）留学生：先生，すみません，履修届にサインしてもらえますか／してくださいませんか。
　　先　生：いいですよ。どこに？　　　　　　　　　　　　　（孫 2017）

「叙述」の場面

7) 友　達：昨日大雨だったけど，どうやって帰ったの。

　　留学生：帰りに田中さんに会ってさ，彼が駅まで<u>送ってくれたんだ</u>。

　　　　　　（孫 2017）

しかし，この分類に従った場合，以下の例8) はどちらに分類するのだろうか。

8)「作家になったのね，おめでとう」

　　「<u>読んでくれたの</u>。」

「読んだわ。いい作品ね。現代作家の作品を読むなんて久方振りだったわ」

（BCCWJ，文学，『カフェー小品集』，嶽本野ばら（著），1960，小学館，下線は筆者）

例8) においては，行為の与え手が会話の聞き手であるが，孫（2017）に規定された「対話」の場面における「<u>してもらえますか／してくださいませんか</u>」のような自分の依頼を表出するものではない。そのため，孫（2017）の分類方法を修正する必要があるのではないかと思われる。


## 3　本研究の研究目的及び研究方法

本研究はまず孫（2017）を修正して，以下のように授受補助動詞の使用を自分の命令・依頼・願望等を申し出る時に使われる「行為要求」とそれ以外の時に使われる「叙述」に分けて規定する。例8) は本研究の分類に従えば，「叙述」である。

「行為要求」：9) 王さん，明日一緒に行ってくれませんか。

「叙述」：10) 王さんは昨日一緒に行ってくれた。

本研究は教科書における文法記述の改善を提案することを目指している。母語話者の使用実態を反映し，かつ学習者の運用に繋がりやすい文法記述を目指す。具体的には，学習者の「叙述」場面における授受補助動詞の使用について以下の4点を明らかにすることを目的とする。

1．授受補助動詞の使用実態はどうであるか。

2．授受補助動詞の「理解」と「産出」との間にギャップがないかどうか。

3．学習者の「～てくれる」系と「～てもらう」系[1]の使い分けの基準は
どうなっているのか。日本語母語話者の使い分けの基準との違いはど
うなっているのか。

4．学習者が教科書における授受補助動詞に関する文法記述と自分の使用
状況との関連に対する認識がどうなっているのか。

以上の4点を明らかにするために，次のことを行う。1に関しては，学習
者に会話を完成してもらう調査を行う。2に関しては，学習者に授受補助動
詞文を訳してもらう調査とフォローアップインタビューで学習者が授受補助
動詞の意味と機能を正しく理解しているかどうかを調査する。その結果を会
話完成の結果と比較して考察する。3に関しては，フォローアップインタ
ビューで学習者と母語話者の使い分けの基準を明らかにする。4に関しては，
フォローアップインタビューで学習者の認識を明らかにする。

## 4　調査概要と調査結果

### 4.1　調査概要

#### 4.1.1　調査協力者

調査協力者の概要は表1の通りである。

表1　調査協力者の概要

| 調査協力者 | 中国人学習者<br>（以下，CL） | 日本語母語話者<br>（以下，NS） |
|---|---|---|
| 人数 | 46名 | 30名 |
| 専攻及び学年 | 日本語学部3年生 | 英語専攻 |
| 日本語能力 | N1に合格 | （日本語教育経験なし） |
| 渡日歴 | なし | 学部生20名院生10名 |

---

1　「～てくれる」系：「～てくれる」と「～てくださる」
　　「～てもらう」系：「～てもらう」と「～ていただく」

## 4.1.2 調査の設問

設問形式：話し手と聞き手との会話を完成する。設問の内容は表2の通り
である。

場面設定[2]：話し手が，動作の与え手が話し手に対して行った恩恵的な行
為を聞き手に叙述する場面

### 表2　調査の設問の内容[3]

| 設問番号 | 動作の与え手と受け手との関係 | 話し手 | 聞き手 | 内容 |
|---|---|---|---|---|
| 設問1 | ホームステイ先のお父さん(目上) | | | 日光に連れて行って案内したこと |
| 設問2 | 同じ中国留学生のクラスメート(同等) | 私 | 日本人の友人 | 寮に来てノートを貸したこと |
| 設問3 | 母親（ウチ） | | | 国から小包を送ったこと |

## 4.1.3 調査の手順

調査1：調査協力者に調査用紙（1）[4]を提示し，提示された状況を正しく
理解してもらったうえで，会話を完成してもらい，録音し，文字
化する。

調査2：調査1の結果に基づき，中国語でフォローアップインタビューを
行う。録音されたものを文字化する。具体的な内容は以下である。

①授受補助動詞を使った，また使わなかった理由

②「～てくれる」系と「～てもらう」系に違いがあるかどうか，も

---

2　動作の与え手にお願いする「行為要求」は様々なバリエーションが存在し，それらの
使い分けが問題になる。それに対して，「叙述」は授受補助動詞を使用するかしないか
のみが問題になる。そのため，話し手と聞き手の人間関係はあまり細分化せず，「ウチ
ソト」と「上下」を考慮した三場面を設定して観察した。

3　調査の設問は荒巻(2003)における質問紙調査Survey1にある空欄を記述する問1，問4，
問7を一部変更して作ったものである。

4　3つの設問がある。それぞれの設問では，文章と絵で場面を示し，学習者にその場面
に基づく会話を完成してもらう。

しあればどういう違いがあるのか

③以下のような質問でCLの全員が使った教科書『新編日語』における授受補助動詞に関する文法記述についてのCLの立場からの意見を述べてもらう

・「教科書における説明や例文などで授受補助動詞の意味を理解できますか。もし理解できれば，その説明や例文などで授受補助動詞を運用（必要な場面で適切に使用）できますか。」

・「もしその説明や例文などで運用に繋がりにくいと考えれば、その説明や例文などが自分の運用状況（非用）に影響を及ぼしていますか。」

・「運用につなげるために、教科書における説明や例文などにどのような情報を補って提示してほしいと思いますか。」

調査3：調査用紙（2）[5]を配る。CLが「叙述」場面で使われる授受補助動詞文の意味を理解しているかどうかを確認するために，補足調査を行う。

## 4.2 調査結果

### 4.2.1 授受補助動詞の理解状況

まず調査3の結果から先に述べる。中国語の表現には多少の違いが見られるものの，すべての調査協力者が適切な中国語に訳していた。また，調査2で行われたフォローアップインタビューにおいても調査協力者が意味を正しく理解していることが確認された。紙面の都合で具体的な結果は省略する。次は調査1の結果を考察する。

---

5 調査用紙（1）における3場面で使われる授受補助動詞文を学習者に中国語に訳してもらう。

## 4.2.2 授受補助動詞の使用状況

1) 使用数と使用率

設問1～3における使用数と使用率を表3に示す。

表3 各設問における授受補助動詞の使用数と使用率

| 調査協力者 | 設問1 | | 設問2 | | 設問3 | | 計 |
|---|---|---|---|---|---|---|---|
| | 授受補助動詞 | その他 | 授受補助動詞 | その他 | 授受補助動詞 | その他 | |
| CL | 25<br>(54.4%) | 21<br>(45.6%) | 38<br>(82.6%) | 8<br>(17.4%) | 25<br>(54.4) | 21<br>(45.6%) | 138 |
| NS | 30<br>(100%) | 0<br>(0%) | 30<br>(100%) | 0<br>(0%) | 30<br>(100%) | 0<br>(0%) | 90 |

表3に示すように，設問1～3おけるNSの授受補助動詞の使用率は100％であるのに対し，CLは3つの設問のいずれも授受補助動詞を使用せず他の表現を使っていることが観察された。例11）～13）を見ると，学習者による授受補助動詞を使用しない例はいずれも適切さに乏しい日本語になっていると言えよう。

11) 田中さんのお父さんが車で私を日光に<u>連れて行きました</u>。お父さんはとてもやさしい人でした。（設問1：CL16)

12) はい，大丈夫ですよ。王さんから<u>ノートをもらいました</u>。
（設問2：CL45)

13) 国のお母さんが小包を<u>送りました</u>ので，大丈夫です。
（設問3：CL29)

以上，当該の三場面が授受補助動詞を使用すべき場面であることが確認された。一方，CLが授受補助動詞を使わず，そのほかの表現として，客観的に事実を述べる表現を使ったり，授受補助動詞ではなく，ものの授受を表す動詞を使ったりしていること（設問2において「貸してくれる／もらう」の代わりに「くれる／もらう」を使う等）がみられた。つまり，CLの「叙述」場面における授受補助動詞の非用が観察された。

次に授受補助動詞を使用した回答例の内訳を見る。

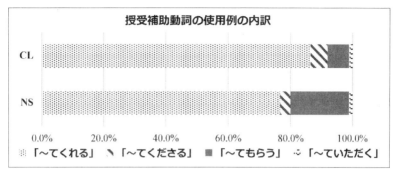

図1　授受補助動詞の使用例の内訳

図1から，CLもNSも「〜てくれる」系の使用率が「〜てもらう」系よりはるかに高いことが分かった。ただし，NSはCLより「〜てもらう」系の使用率が高いことが観察された。それは「〜てくれる」系と「〜てもらう」系を使い分ける基準の認識がNSとCLで異なっていることを示唆していると思われる。詳しくは4.2.3で述べる。

2）設問別の使用率

次に設問ごとに授受補助動詞の使用率を見る。表3から分かるように，NSではどの場面でも授受補助動詞の使用率が100％であるのに対し，CLでは場面により違っている。すなわち，CLの授受補助動詞の使用は様々な要因に左右されていることが示唆される。なお，設問ごとに見ていくと，表3で示されるように，設問2におけるCLの使用率が設問1と設問3より高いことが観察された。この点については5.2で詳しく述べる。

### 4.2.3　授受補助動詞を使った理由と使わなかった理由

以下では，調査2の結果を述べる。

1）授受補助動詞を使った理由

Q：どのような場面で授受補助動詞を使うべきだと思いますか。

授受補助動詞を使った理由に関しては，学習者では「人が頼まれることなく自分のために何かをしたから（CL8，筆者訳）」，「動作主が私のために何かいいことをしたから（CL26，筆者訳）」，「人に事前に頼んだことではないが，

私のために何かをしたから（CL30，筆者訳）」などが挙げられ，母語話者では「やはり，人が自分のために何かをしたので，使ったほうが，使わないときより，『ありがとう』とか感謝の気持ちが入っているので（NS1）」，「自分が行為の主体ではなく，相手が自分にとって有益なことをするから（NS3）」，「相手が好意を持って自分のために何かをしてくれて，恩恵を感じたから（NS29）」などが挙げられる。このように，CLもNSも授受補助動詞を使うべき事態がどんな事態であるかに対する認識はほぼ一致していると言える。しかし，CLは使う根拠としてどんな事態かのみを客観的に述べているのに対し，NSはそれ以外に自分の当該事態に対する捉え方・立場（例えば，「自分が恩恵を感じる」，「感謝の気持ちを表す」など）も理由として述べていることが観察された。

2）授受補助動詞を使わなかった理由

Q：なぜこの場面で授受補助動詞を使わなかったのですか。

授受補助動詞が使われなかった50の回答例について，それぞれたずねた結果，調査協力者から3つの理由が挙げられた。それぞれの設問ごとの回答数は以下である。

表4　授受補助動詞を使わなかった理由

| 理由 | 設問1 | 設問2 | 設問3 | 計 |
|---|---|---|---|---|
| ① 授受補助動詞を使うことは意識していなかったから | 21 | 6 | 9 | 36 (72%) |
| ② 授受補助動詞を使わなくていいから | 0 | 0 | 8 | 8 (16%) |
| ③ 授受補助動詞の使用を避けるため | 1 | 2 | 3 | 6 (12%) |

表4で示された通り，CLの使わなかった理由①〜③では①「授受補助動詞を使うことは意識していなかった」が一番多く挙げられている。一方，調査3ではCLが授受補助動詞の意味を正確に理解していることが確認されている。つまり，CLは意味が理解できるにもかかわらず，使用できていないということである。

要するに，CL がどんな場面で授受補助動詞を使うべきかということは「理解」しているが，そのような場面に遭遇しても「産出」できないということがうかがえる。その原因は学習者が授受補助動詞の文法的意味の理解に止まり，捉え方・視点への理解には至っていないことにあるのではないかと考えられる。

## 4.2.4 「～てくれる」系と「～てもらう」系の相違

「～てくれる」系と「～てもらう」系の使用上の相違について，調査協力者の「『～てくれる』系と『～てもらう』系は使用上の違いがありますか，もしあれば，どのような違いがあると思いますか」という質問に対する答えは表5のようになる。

表5 「～てくれる」系と「～てもらう」系の相違の有無

| 調査協力者 | あると思う | ないと思う |
|---|---|---|
| CL | 41(89.1%) | 5(10.9%) |
| NS | 30(100%) | 0(0%) |

表5に示すように，NS は 100% が相違があると思っているのに対し，CL には相違がないと思っている人（10.9%）が存在することが分かった。

さらに相違点があると思っている CL のうちの 38 人（92.7%）が，両者は動作の受け手から与え手への依頼の有無により異なると述べている。それに対し，NS は両者の違いが動作の受け手が与え手に依頼したかどうかにあると全員（100%）が述べており，さらにそのうちの 14 人，つまり 50% に近い NS が「～てくれる」より，「～てもらう」のほうが丁寧に聞こえ，聞き手または動作の与え手の関係によるどちらかを選んで使っていると述べている。すなわち，半分近くの NS は「～てくれる」系と「～てもらう」系の丁寧さに差があると考えていることがうかがえた。

要するに，「～てくれる」系と「～てもらう」系を使い分ける基準に関しては，CL は動作の受け手が動作の与え手に依頼したことの有無だけにより使い分けているのに対し，NS はさらに，「文の丁寧さ」や「聞き手または動作の与え手との関係」なども考慮に入れ，使い分けていることが分かった。

### 4.2.5 CL の教科書における説明，例文，練習に対する認識

　教科書における説明，例文，練習に対する認識について，4.1.3 における調査2の③であげられている質問で CL に聞いた結果，答えはまず「理解も運用もできる」と「理解できるが，運用につながりにくい」に分かれた。それぞれの人数と割合は表6の通りである。

表6　CL の教科書における説明，例文，練習に対する認識

| 考え | 理解も運用もできる（他の情報を提供する必要はない） | 理解できるが，運用につながりにくい（運用面の情報を提示してほしい） | 計 |
|---|---|---|---|
| 人数及び割合 | 4(8.7%) | 42(91.3%) | 46(100%) |

　表6の通り，教科書における説明では理解できるが，運用につながりにくい（運用面の情報を提示してほしい）と思っている CL が全体の大部分を占めていることが分かった。そして，その全員が日本人が実際に使っている文や会話などを教科書に入れてほしいと述べた。

　以上，本調査の結果は以下のようにまとめることができる。
1．CL の「叙述」場面における授受補助動詞の非用が観察された。また，場面によって使用率に違いが見られた。
2．CL は「叙述」場面における授受補助動詞を十分に理解しているが，産出は十分にはできていない。
3．CL も NS も「叙述」場面で「～てもらう」系より，「～てくれる」系のほうを多用しているが，NS は CL に比べると「～てもらう」系の使用率が高い。また，CL の「叙述」場面における「～てくれる」系と「～てもらう」系の使い分けに対する認識は NS の認識とほぼ一致している。しかし，NS のほうがさらに「文の丁寧さ」や「聞き手または動作の与え手との関係」なども考慮して使い分けている。
4．CL の大半が「叙述」場面における授受補助動詞の非用が使われている教科書における文法記述と関わっていると考えている。

## 5 考察

　以下では授受補助動詞の非用の原因，学習者の使用率に影響を及ぼすと考えられる要因，及び CL の「～てくれる」系と「～てもらう」系の使い分けの基準について詳しく考察する。

### 5.1 「叙述」場面における授受補助動詞の非用の原因―教科書における文法記述とのかかわり

　調査結果から分かるように，CL は「叙述」場面における授受補助動詞を十分に理解できているが，産出は十分にできていない。非用は授受補助動詞の意味理解だけでは使用につながらないことを示している。それはなぜだろうか。その理由の一つには，中国語と日本語で同じ事態に対する捉え方が異なることがあると思われる。孫（2017）では，日本語の授受表現は「立場志向」の強い表現であるのに対し，中国語は「事実志向」が強いと述べている。水谷（1997）では，外国人学習者にとって授受補助表現の難しさの原因は「事実志向から立場志向への転換のむずかしさである」と指摘されている。即ち，CL が日本語での捉え方（立場志向）を習得していないことが授受補助動詞の非用に繋がっていると考えられる。

　にもかかわらず，現行の教科書においては立場に関する記述が不足している。フォローアップインタビューの結果から分かったように，CL の大半が自分の非用が教科書における文法記述と関わっていると考えている。そこで，教科書における文法記述では，中国語と日本語の立場における異なりを NS による実例を通して CL に提示することが必要であると考えられる。それは今後の課題として研究する。

### 5.2 先行動詞と授受補助動詞の使用率とのかかわり

　岡田（1997）では，「『くれる』構文で用いられる動詞の中で，初級終了から中級後期にかけて出現数の高かったものとして『教える，作る，手伝う，貸す』などがある」，また，「先行動詞によって『～てくれる』の使用・非用が左右されるという仮定もできる」と述べている。本調査では，よく「～てくれる」構文で用いられる動詞である「貸す」が使われる場面で CL の使用

率が高くなることが観察された。具体的には，設問 2 で CL の授受補助動詞の使用率が一番高いことから，授受補助動詞を設問 1 と設問 3 で使わずに，設問 2 のみで使った学習者 7 名に「なぜ設問 2 で『～てくれる』を使ったのですか」でたずねた結果，全員が「『～てくれる』を使うべきだと思ったから使ったのではなく，『貸してくれる』はよく目にするためか，自然に『貸してくれました』と口に出したのだ（CL11，筆者訳）」という趣旨の回答をした。

## 5.3 「叙述」場面における CL の「～てくれる」系と「～てもらう」系の使い分けの基準

本調査では，「叙述」場面で「～てもらう」系より，「～てくれる」系のほうが CL に多用される傾向がみられた。その原因については，以下の 2 点を指摘したい。

まずは教科書における例文数のことである。孫（2017）では，今回の調査対象 CL の全員が使った教科書『新編日語』を含めた 4 種類の教科書調査が行われ，「教科書における授受補助動詞の例文数については，『～てくれる』の例文数が一番多い」と指摘されている。それは CL が「～てくれる」を多用した原因の一つだと考えられる。

次に，「～てくれる」系は「～てもらう」系と比べ，動作主が主語に立つ構文であり，動作主を主語に立てる傾向にある中国語と一致している。それが CL が「～てくれる」を多用したもう一つの原因だと考えられる。

さらに，本調査の結果からいえば，NS は CL に比べると「～てもらう」系の使用率が高く，CL と NS の運用における「～てくれる」系と「～てもらう」系の使い分けの基準に対する認識には異なりが存在することが分かった。中国の日本語教育における両者の扱いには，「～てくれる」と「～てもらう」の互換性を強調する傾向があると指摘されている（王 2000，孫 2017）。したがって，「～てくれる」系と「～てもらう」系の互換性に焦点を置かず，先行研究における「～てくれる」系と「～てもらう」系の使用上の違いを日本語教育現場にどのように反映すればいいのかを再検討する必要があると考えられる。

## 6 おわりに

　本研究では JFL 環境における CL を対象に，発話してもらう形の調査を通して「叙述」場面における使用状況を明らかにした上で，NS の使用状況と比較しながら，考察を行った。その結果，まず「叙述」場面における CL の使用状況及び先行動詞が使用状況に関わっていることが確認された。また，CL の使用と非用に対する認識と，CL が自分の非用が教科書における文法記述と関わっていると考えていることが明らかになった。さらに，CL と NS の「〜てくれる」系と「〜てもらう」系の使い分けの基準もある程度うかがえた。

　一方，今回の調査設問に出されなかった「行為要求」場面における学習者の使用状況を調べる必要があると考えられる。なお，CL の運用力を高めるため，教科書における文法記述をどう改善すればいいのか，「〜てくれる」系と「〜てもらう」系の使い分けについての先行研究をどのように日本語教育現場へ反映すればいいのかといったことは，今後の課題として研究したいと思う。

## 参考文献

荒巻朋子（2003）「授受文形成能力と場面判断能力の関係－質問紙調査による授受表現の誤用分析から－」『日本語教育』117，pp.43 － 52，日本語教育学会

市川保子（1997）『日本語誤用例文小辞典』，凡人社

王燕（2000）「授受表現における『非用』について」『2000 年度日本語教育学会秋季大会予稿集』，pp.49 － 54，日本語教育学会

大塚純子（1995）「中上級日本語学習者の視点表現の発達について－立場志向文を中心に－」『言語文化と日本語教育』9，pp.281 － 292，お茶の水女子大学日本言語文化学研究会

岡田久美（1997）「授受動詞の使用状況の分析－視点表現における問題点の考察－」『平成 9 年度日本語教育学会春季大会予稿集』，pp.61 － 86，日本語教育学会

孫成志（2017）『日本語における授受表現の習得に関する研究』，世界図書出版公司

中崎温子（2001）「授与動詞と異文化コミュニケーション－『くれる』系の非用分析を中心に－」『北陸大学紀要』第 25 号，pp.169 － 181

堀口純子（1984）「授受表現にかかわる誤りの分析」『日本語教育』52 号，pp.91 － 103，日本語教育学会

水谷信子（1997）「誤用分析Ⅱ」『日本語誤用分析』，pp.54 － 108，明治書院

山田敏弘（2011）「類型論的に見た日本語の『やりもらい』表現」『日本語学』30（11），pp.4 － 14，明治書院

劉美雯（1999）「日本語学習者による『～てくれる』の脱落に関する研究―中国語母語話者を対象に―」『教育学研究紀要』第 45 巻第 2 部，pp.455 － 460，中国四国教育学会

# 中国語話者用日本語教育文法における動詞の自他と使役について

張麟声（大阪府立大学）

## 要　旨

　本稿では、まず有対自他における「自」と「他」を弁別するストラテジーを提案し、続いて、有対自他における他動詞と自動詞の使役形の競合関係の成立条件を探り、最後にそのような競合関係が成立した際の、両者の使い分けについて検討した。

　本稿の試みは基本的に対象言語である日本語についてなされた。そのような日本語の規則を、いかに学習者の母語である中国語の言語事実を踏まえて教えていくかについての研究は、今後の課題とする。

**キーワード**：有対自他、無対自他、他動詞、自動詞の使役形、使い分け

## 1　はじめに

　日本語記述文法研究会編（2008）では、動詞の文法カテゴリーに関する階層構造について次のように示している。7つの文法カテゴリーのうち、ヴォイスが動詞の語幹にくっつく形で一番左側に位置することになっている。

　弟は父にしから・れ・てい・なかっ・た　・　よう　・　です　・　ね
　　　ヴォイス・アスペクト・肯否・テンス・認識のモダリティ・丁寧さ・伝達態度のモダリティ
　　　　　　　　　　　　　　　　　　（日本語記述文法研究会編（2008）pp.20）

　そのヴォイスの中でも、「食べさせられる」という表現は成立するものの、「＊食べられさせる」は完全に非文法的であることから分かるように、受身より使役のほうが一段と動詞の語幹に近いと考えられる。

　そのために、現代日本語文法研究の黎明期の松下大三郎（1923 ～ 1924）において既に他動詞と自動詞の使役の意味的なつながりに注目し、そのそれぞれを「完全他動」、「使動的他動」と称して、次のように、記述している。

|〔自動〕|〔完全他動〕|〔使動的他動〕|
|---|---|---|
|子供が学校に這入る|子供を学校に入れる|子供を学校に這入らせる|
|下女が使に行く|下女を使に遣る|下女を使に行かせる|
|人が死ぬ|人を殺す|人を死なせる|

（須賀一好、早津恵美子（1995）『日本語研究資料集　動詞の自他』pp.25)

　現在では、「他動」より、Causative という用語につられて、「這入らせる」のような本格的な使役はいうまでもなく、「入れる」のような他動詞までも「語彙的使役」[1]と呼ばれるのが主流であるが、日本語教育という立場に立つ本稿では、簡明さを重視して、「入れる／死ぬ」と「入らせる／死なせる」のような対立を単に他動詞及び自動詞の使役形と呼び、「入る‐入れる」のパターンと「死ぬ‐殺す」のパターンをそれぞれ有対自他、無対自他と呼ぶ。

　本稿は、中国語話者に対する、有対自他及びその自動詞の使役形を含む総合的教育システムの開発に目的がある故、研究者にとどまらず、現場の教師や上級の学習者にも読んでもらいたい。したがって、一部、論文と参考書を折衷した書き方を用いることがある。

　以下、第2節では有対自他の弁別に役立つストラテジーを提案し、第3節では有対自他における他動詞と自動詞使役形の競合関係の成立条件を探り、第4節ではそのような競合関係が成立する場合における両者の使い分けを検討する。そして、第5節ではまとめと今後の課題について述べる。

## 2　有対自他を弁別するストラテジーについて

　有対自他を学習する際の難点の一つは、自他の語形がともに頭に入っても、どちらが自動詞でありどちらが他動詞であるかを学習者が往々にして混同してしまうことである。「自」と「他」における形態上の対応関係が複雑すぎるからである。そのような対応関係を記述した一例をあげると、例えば、日

---

1　Shibatani, Masayoshi（1976)、定延利之（1991）など。また、寺村秀夫（1982)、野田尚史（1991）では、それぞれ自動詞と受身も含めて「語彙的態」、「語彙的ヴォイス」と呼んでいる。

本語教育の世界でのバイブルとみなされている寺村秀夫（1982）では、「自動詞を＜自＞として左側に、それに対応する他動詞を＜他＞として右側に並べ」（寺村秀夫1982:306）て示したものだけでも、以下のように、10種類に上る。

```
＜自＞      ＜他＞
husagar-u—husag-u
atar-u—ate-ru
ak-u—ake-ru
mawar-u—mawas-u
taore-ru—taos-u
same-ru—samas-u
iki-ru—ikas-u
oti-ru—otos-u
mi-ru—mise-ru
tob-u—tobas-u
```

(寺村秀夫1982:306-317)

　これだけ数があれば、学習者が覚えられないのは無理もない。日本語教育の現場では、エ段のものは他動詞が多いという教え方が取られているところもあるようだが、誰もが十分ではないと考えている。この課題に挑戦するために、本稿では、次の二つのストラテジーを提案する。

〈1〉　まずペアの中に語尾が「ス」か「セル」であるのがあるかどうかを見る。もしあれば、それが他動詞で、もう片方は自動詞である。「ス」と「セル」はそれぞれ古代日本語の使役形「ス」と現代日本語の使役形の「セル」と同じ形なので、意識しやすく、覚えやすい。

　荒れる・荒らす，（彼が）移る・（彼を）移す，起きる・起こす，落ちる・落とす，降りる・降ろす，嗄れる・嗄らす，被る・被せる，帰る・帰す，枯れる，枯らす，乾く・乾かす，消える，消す，崩れる・崩す，焦げる・焦がす，

こぼれる・こぼす，転がる・転がす，壊れる・壊す，冷める・冷ます，刺さる・刺す，済む・済ます，（彼が）倒れる・（彼を）倒す，潰れる・潰す，出る・出す，溶ける・溶かす，飛ぶ・飛ばす，直る・直す，流れる・流す，逃げる・逃がす，濡れる・濡らす，（彼が）残る・（彼を）残す，伸びる・伸ばす，外れる・外す，はがれる・はがす，離れる・離す，腫れる・腫らす，冷える・冷やす，増える・増やす，減る・減らす，回る・回す，乱れる・乱す，満ちる・満たす，燃える・燃やす，戻る・戻す，揺れる・揺らす，汚れる・汚す，沸く・沸かす，渡る・渡す。

〈2〉残る中では、語尾が一段動詞であるほうが他動詞で、もう片方は自動詞である。

（子供が）上がる・（子供を）上げる，（物価が）上がる・（物価を）上げる，（てんぷらが）揚がる・（てんぷらを）揚げる，開く・開ける，空く・空ける，温まる・温める，当たる・当てる，改まる・改める，浮く・浮かべる，薄まる・薄める，植わる・植える，掛かる・掛ける，片付く・片付ける，固まる・固める，傾く・傾ける，決まる・決める，加わる・加える，定まる・定める，静まる・静める，沈む・沈める，締まる・締める，閉まる・閉める，育つ・育てる，備わる・備える，染まる・染める，建つ・建てる，溜まる・溜める，縮まる・縮める，続く・続ける，伝わる・伝える，整う・整える，とどまる・とどめる，止まる・止める，入る・入れる，始まる・始める，早まる・早める，ひろがる・ひろげる，深まる・深める，曲がる・曲げる，まとまる・まとめる，丸まる・丸める，向かう・向ける，儲かる・儲ける。

ただし、この〈2〉には、例外が一部あり、それを次の「魚を食べる」「習字を辞める」「サルを山に返す」という3センテンスを用いて覚えてもらう。文に組まれている方が他動詞である

① 魚を取って、炊いたり、煮たり、焼いたりして食べる。
　　取れる・取る，炊ける・炊く，煮える・煮る，焼ける・焼く。
② 筆を折って、墨を砕いて、紙を裂いて、手本を破って、硯を割って、習字を辞める。

折れる・折る，砕ける・砕く，裂ける・裂く，破れる・破る，割れる・割る

③ 絡んでくるサルをつかんで、おへそをふさぎ、毛布にくるみ、川をまたいで、山へ返す。

絡まる・絡む，つかまる・つかむ，ふさがる・ふさぐ，くるまる・くるむ，またがる・またぐ

## 3　有対自他における他動詞と自動詞の使役形の競合関係の成立条件

このテーマについては、青木怜子（1977）が研究史上に残る重要な文献である。そこでは、次のようにリストを作って分析している[2]。

a．イ　あつまる　あつめる　あつまらせる

　　ロ　かえる　　かえす　　かえらせる

　　ハ　かたまる　かためる　かたまらせる

　　ニ　ながれる　ながす　　ながさせる

　　ホ　わたる　　わたす　　わたらせる

b．ヘ　もどる　　もどす　　もどらせる

　　ト　くだる　　くだす　　くだらせる

　　チ　まわる　　まわす　　まわらせる

　　リ　ぬれる　　ぬらす　　ぬれさせる

ab．ヌ　おりる　　おろす　　おりさせる

　　ル　とおる　　とおす　　とおらせる

　　ヲ　のこる　　のこす　　のこらせる

c．ワ　こわれる　こわす　　×こわれさせる

　　カ　たつ（建）たてる　　×たたせる

　　ヨ　なおる　　なおす　　×なおらせる

×はその表現が成立せぬことを示す。

上は対立する自動詞と他動詞を左列・中列に記し、「自動詞＋せる」を右列に記したものであるが、これらの中には、左列自動詞の主語を客語に変え

---

2　引用に際して、現在のコンピューターのフォントに合わせて、一部数字の書き方を変えている。

るのみで中列・右列いずれも成立するものa．もあるが、b．客語如何によって他動詞表現のみが成立する場合と、「自動詞＋せる」表現のみが成立する場合とに分かれるもの、c．「自動詞＋せる」表現が、成立せぬもの等がある。ab．は、ある場合はa．と同様いずれの表現も成立するが、ある場合には「自動詞＋せる」表現が成立せぬものである。

　a．群についてみると、ホ、ニの「わたる」「ながれる」は

　　　　旅人が　河を　わたる
　　　　　旅人を　舟で　わたす
　　　　　旅人を　泳いで　わたらせる
　　　　水が　ながれる
　　　　　水を　一度に　ながす
　　　　　溝を掘って　水を　ながれさせる

のように、手段・方法に関して僅かに制限が見られるのみでいずれの表現も成立し、イロハに至っては次の如く全く何の制限もなく無条件に両方とも成立する。

　　　　イ　学生が　あつまる
　　　　　　学生を　あつめる
　　　　　　学生を　あつまらせる
　　　　ロ　小学生が　三時に　かえる
　　　　　　小学生を　三時に　かえす
　　　　　　小学生を　三時に　かえらせる
　　　　ハ　ゼリーが　かたまる
　　　　　　ゼリーを　冷蔵庫に入れて　かためる
　　　　　　ゼリーを　冷蔵庫に入れて　かたまらせる

（須賀一好、早津恵美子（1995）『日本語研究資料集　動詞の自他』pp.109-110)


　さらに、「自動詞＋せる」表現が成立しない理由については


　成立・不成立の生ずる要因を探るに、「自動詞＋せる」型の表現が成立する場合、その作用（せる・させる作用）の客体は、自動詞の表す動作を自ら

62

の能力・自らの意志によって行い得るものに限られていることに気づく。

（略）

　非情物を対象としても、対象物の能力・本性を有情物の意志と同様にみなすならば「ゼリーを冷蔵庫に入れてかたまらせる」の表現が成り立ち、そのものの本性を利用してそれを助成する意となるが、そのもののもつ本性・能力などはまったく無視し、処理する対象としてのみ把握するならば「ゼリーをかためる」となる。

（須賀一好、早津恵美子（1995）『日本語研究資料集　動詞の自他』pp.113-114）

と述べられている。

　「自動詞＋せる」表現の成立の可否を、「客体」の意志の有無に求めたことや、「客体」が非情物の場合、その本性を有情物の意志と同様にみなすかどうかといった指摘は頷けるが、「客体」が非情物の場合、「自動詞＋せる」表現が絶対成立しないケースがあるために、非情物の本性を有情物の意志と同様にみなすかどうかというよりは、その本性が有情物の意志と同様にみなせるものかどうかという視点が重要であろう。「ゼリー」や「水」において、上述のように「自動詞＋せる」表現が成立し、一方、「手紙」や「タオル」は「手紙を戻す／＊手紙を戻らせる」、「タオルを濡らす／＊タオルを濡れさせる」のように、「自動詞＋せる」表現が成立しないのは、「ゼリー」と「水」の本性は、変化的・流動的だから、有情物の意志と同様にみなせ、「手紙」や「タオル」は変化的・流動的ではないから、有情物の意志と同様にみなせないからであろう。

　また、この節で述べておかなければならないもう一点は、楊凱栄（1989）で指摘しているように、中国語の「自動詞、他動詞、および使役形における関係は日本語とかなり異なる」（pp.149）ということである。楊凱栄（1989）の第3章第5節では、そのタイトルである「自動詞、他動詞、使役形における日本語と中国語の違い」の通りの研究が進められているが、膨大な数の自他を詳細に対照研究できなかった。また、楊凱栄（1989）以来約30年間歳月が経過しているが、それ以上の研究成果は現時点で確認できていない。本

稿でもこれについて深入りする余裕がなく、今後の課題としたいが、以下、とりあえず今まで出てきた用例のいくつかを使って、日本語でも中国語でも他動詞と自動詞の使役の両方が成立するケースにおいてさえ、中国語ではいくつものバリエーションが見られることを示しておく。

・旅人が河をわたる　⇔　游人渡河
　　旅人を舟でわたす　⇔　把游人用船渡（过去）
　　旅人を泳いでわたらせる　⇔　让游人游着渡（过去）
　　→動詞は同じだが、自動表現に対して他動と使役表現には「補語」の「过去」がつく。

・水が流れる　⇔　水流
　　水を一度に流す　⇔　把水一下子放掉
　　溝を掘って水をながれさせる　⇔　挖沟让水流（走）
　　→自動表現に対して使役表現に「補語」がつくのは同上。一方、他動表現は違う動詞を使う。

・小学生が三時にかえる　⇔　小学生三点回家
　　小学生を三時にかえす　⇔　把小学生三点就打发回（去）
　　小学生を三時にかえらせる　⇔　让小学生三点回家
　　→自動表現自体が「目的語」を取っている動詞句であるために、使役表現はこれ以上複雑にならないが、一方、他動表現はおなじ動詞の「回」を使っていながらも、その前に「方法」か「態度」を表すとでも言う「打发」がつき、また、その後に「目的語」の「家」ではなく、「補語」の「去」がついている。

## 4　他動詞と自動詞の使役の使い分けについて

　他動詞と自動詞の使役の競合関係が成立すれば、両者の使い分けに関する知識は日本語教育にとって絶対なければならないものとなる。使い分けに関する先行研究に関しては、以下、代表的な定延利之（1991）から検討してみる。

定延利之（1991）では、Shibatani,Masayoshi（1976）に倣って、本稿で言う他動詞と使役をそれぞれ語彙的使役（lexical causatives）と生産的使役（productive causatives）と呼び、以下のように、先行研究の成果を（5）にまとめたうえで、反論として（6）を提示している。ちなみにこの場合の（5）や（6）といった番号は、定延利之（1991）本来のものである。


（5）　a．使役主の働きかけが直接的なら語彙的使役、間接的なら生産的使役が使われる。

　　　b．当該動作が自発的に行う能力が被使役者になければ生産的使役は使われない。

（6）　a．（5 a）で問題にされる「使役主の働きかけ」とは、被使役者に対するものではなく、事態の成立に対するものでなければならない。更に、そのような使役主の働きかけが「直接的」か「間接的」かは、状況を考慮に入れた上での認知的な観点から判断する必要がある。

　　　b．（5 b）を積極的に認める根拠は薄弱である。

（定延利之 1991:124-125）

　詳細な議論としては、まず、青木（1977）における「注意書を回す／＊注意書を回らせる」という言及に対して、次の例（11）を使って、（6）a．で主張している「使役主の働きかけが「直接的」か「間接的」かは、状況を考慮に入れた上での認知的な観点から判断する必要がある。」ことを論じる。


(11)　『ご存じのように当自動車レース同好会では、いつもレース前には注意書の回覧を行い、会員に安全運転を呼び掛けています。しかし最近は注意書が、回覧途中で紛失したり、また回覧が非常に遅滞したりと、まともに機能しなくなってきています。次回のレースでは、会員のみなさまの良識を期待しております』事務局からこのような通知を受け取った会員たちは、次のレースでは全員一致団結して注意書を何とか正常に回らせた。

　もともと［注意書の会員間一巡］は、全会員が［注意書を別の会員に渡す

こと］を達成して初めて実現するという外観を備えている。加えて（11）の場合、全員一致して・なんとか・正常に等の語句、及び通知内容により、会員たちが注意書を別の会員に渡す目的が（部分的にせよ）［注意書の会員間一巡］にあることが示されている。以上の事情は［注意書の会員間一巡］を見たとおりの具体的・即物的出来事であるだけでなく、抽象的なテーゼでもあると認知しやすくしている。

　そして、話し手がその認知を得た場合、表現される事象は話し手の内部に拡張され、単一の過程（12a）よりも複数の過程（12b）で把握される。

(12) a.［回覧開始前］→［注意書一巡］
　　　　　会員たち

　　 b.［回覧開始前］→［注意書一巡］→［テーゼ成就］
　　　　　会員たち　　　　　道理

　会員たちの直接的な働きかけは、注意書が会員間を一巡するという具体的・即物的な出来事の実現過程に認められるに過ぎない。その後の過程——現に注意書が一巡してテーゼ［注意書の会員間一巡］が成就するまで——は抽象的な認識世界の過程である。この過程に直接働きかけるものを強いて言い表せば、道理とでもなるだろうか。ともかく会員に対する使役主の働きかけは間接的と認められる。(11) における生産的使役の自然さは、このように説明できる。

（定延利之 1991:126-127）

　また、（6）a. において主張している「被使役者の能力の有無」についても同じ手法で検討したうえで、次のような結論を提示する。

　従来［被使役者の能力の有無］は、ある種の生産的使役が不適格（つまり状況を問わず不自然）であることを説明するための概念であった。したがって今、これらの生産的使役が適格であり、ただ思いつきやすい状況下で不自然であるにすぎないことがわかった以上、この概念は説明対象を失い、もはや不必要と考えられる。

（定延利之 1991:129）

定延利之（1991）の議論は、日本語に関する記述言語学的な立場にたってのものであり、その立場に即して読めば、至極妥当なものである。しかし、初級日本語教育における教授の対象である日本語は、むしろ大変複雑な状況とは反対の、ごく平易な文脈で用いられるものである。その意味で、まさに「思いつきやすい状況下で」自然か自然でないかを判断することが求められ、むしろ複雑な状況では成り立たないと定延利之（1991）が批判している「使役主の働きかけが直接的なら語彙的使役、間接的なら生産的使役が使われる。」レベルでの説明そのものこそ必要なのである。つまり、舟で旅人を対岸まで「運ぶ」場合は直接的働きかけなので、「旅人を舟でわたす」のように他動詞（＝語彙的使役）を使い、旅人に指示して泳いでもらって対岸まで行ってもらう場合は間接的な働きかけだから、「旅人を泳いでわたらせる」のように使役（＝生産的使役）を用いるという説明の仕方が必要なのである。

　もっとも、このような説明に例外がないわけではない。例えば上に出ていた「小学生を三時にかえす」と「小学生を三時にかえらせる」というペアがそうである。それが例外となる理由は、言外の社会的実態として、普通、教員が生徒に指示して帰ってもらうという間接的な働きかけしか存在しないからである。このことを裏返して言えば、言外の社会的実態として、間接的な働きかけしか考えられない場合は、他動詞と自動詞の使役の意味・用法間の相違は目立たなくなると考えられる。しかし、目立たなくなることはあっても、完全になくなるのではない。例えば、次のような４種類の表現をどんな順序で並べてみても、その丁寧さの度合いをネイティブにチェックしてもらうとすれば、おそらくだれもが「３時に生徒を帰らせる」より「３時に生徒を返す」のほうがぞんざいだと判定するであろう。「３時に生徒を返す」のほうが、他動詞が用いられているゆえに、生徒の意志が完全に無視されているからである。

　　・３時に生徒を返す
　　・３時に生徒を帰らせる
　　・３時に生徒に帰ってもらう
　　・３時に生徒に帰っていただく

「使役主の働きかけが直接的なら語彙的使役、間接的なら生産的使役が使われる。」という従来の研究成果に加えて、本稿では、以下3点ばかり指摘しておく。

　一つ目は、自動詞の使役は他動詞に対して、非情物に対する「放任」という意味で使われるケースが見られる。例えば、以下の例（1）と例（2）[3]である。

（1）多くの大スターが後年、恋愛に傷つき、クスリやお酒におぼれて容姿まで荒れさせてしまうのを見る中で、オードリーは生涯、凛として上品でエレガントだった。

（2）春を運んできてくれるお日さんはありがたいでごんす。でも、つおい風を吹き荒れさせるお日さんは、嫌いでごんす。

　二つ目は、他動詞に対して、自動詞の使役は、丁重な「申し出表現」である「させてもらう（いただく）」の構成成分として用いられることがある。例えば以下の例（3）～例（5）である。

（3）ありがとうございます。それでは、次の質問の方に移らせていただきたいと思います。

（4）それはそれとしておきまして、時間がだんだん迫ってまいりましたので、次の問題に移らせていただきたいと思います。次は、要件二でございまして、これは保険料というのは価格（略）。

（5）全員、着席した。森将人の声がつづく。「それでは、ただいまより、式次第に移らせていただきます。

他動詞も以下のように「申し出表現」として用いられることはあるが、構成成分として用いられているのではないというのが特徴である。

---

3　本稿の番号を使っている実例はすべて「現代日本語書き言葉均衡コーパス (BCCWJ)」由来である。

（6）次に私は安全問題に質問を<u>移して</u>まいりたいと思いますが、その前に、先ほども議論になりましたが、車両費について五十七年からの実績をお伺いしたいのであります。

（7）さて、今回の大きなテーマである隠岐と松江の観光に話題を<u>移し</u>たいと思いますが、これからの観光は、経済効果も大きい「滞在型」を考えることが重要です。

（8）次は、理想のボディラインを手に入れる方法に話を移しましょう。「顔が整形で美しくなるのはわかるけど、ダイエットやエクササイズ以外にボディラインを変える方法があるのかしら？」と思われる方もいらっしゃるかもしれませんが、実はボディの美容整形とも言える画期的な方法があるのです。

また、3点目は他動詞はコロケーションを構成するが、自動詞の使役形は語以上の文法単位であるだけに、この種の機能は持たない。例えば、以下の例（9）～例（11）である。

（9）式根はおびえる公をチラリと見ただけで、すぐに若者達へ<u>視線を移</u><u>し</u>てしまった。

（10）また、他の女に対する愛がなくなりあるいは減って行って、君にそ<u>の愛を移し</u>たというわけでもない。

（11）そっと四階の廊下に<u>身を移した</u>影山は、Ｐ２２６を速連射しはじめる。敵は次々に死体と化した。

他動詞と自動詞の使役形の使い分けに関する規則はまだあるであろう。いずれ今後の課題とする。


## 5　まとめ

有対自他における他動詞と自動詞の使役形の間に位置的なつながりがあることはよく知られているが、日本語教育の現場ではそれを総合的に教育するシステムはまだ十分に開発できていない。また、有対自他における「自」と

「他」の弁別の手がかりも長期にわたって未解決の課題として残っている。

　本稿では、まず有対自他における「自」と「他」を弁別するストラテジーを提案し、続いて、有対自他における他動詞と自動詞の使役形の競合関係の成立条件を探り、最後にそのような競合関係が成立した際の、両者の使い分けについて検討した。

　本稿の試みは基本的に対象言語である日本語についてなされた。そのような日本語の規則を、いかに学習者の母語である中国語の言語事実を踏まえて教えていくかについての研究は、今後の課題とする。

## 参考文献：

青木怜子（1977）「使役―自動詞・他動詞とのかかわりにおいて―」『成蹊国文』10 成蹊大学日本文学科研究室

定延利之（1991）「SASE と間接性」『日本語のヴォイスと他動性』くろしお出版

須賀一好、早津恵美子（1995）『日本語研究資料集　動詞の自他』ひつじ書房

張麟声（2018）「有対自他及び自動詞の使役表現とその対応する他動詞の使い分けについて」実在の誤用に基づく類義表現研究会第 5 回研究発表会における口頭発表

寺村秀夫（1982）『日本語のシンタクスと意味 I』くろしお出版

日本語記述文法研究会編（2008）『現代日本語文法❶』くろしお出版

野田尚史（1991）「文法的なヴォイスと語彙的なヴォイスの関係」『日本語のヴォイスと他動性』くろしお出版

楊凱栄（1989）『日中使役表現の対照研究』くろしお出版

松下大三郎（1923 ～ 1924）「動詞の自他被使動の研究（一）～（完）」『国学院雑誌』29-12, 30-1.2

Shibatani,Masayoshi（1976）"Causativation."*Syntax and Semantics 5:Japanese Generative Grammar.*Shibatani,Masayoshi（ed.）Academic Press

（大阪府立大学・大連理工大学海天学者）

## 最終回　まとめにかえて

### 建石　始（神戸女学院大学）

　毎回，中国語のある文法現象を取り上げ，解説を行ってきました。最終回となる今回は，これまでの内容を振り返り，まとめを行います。

## 1　はじめに

　創刊号から本コラム「授業に必要な中国語の豆知識」をずっと続けてきましたが，今回をもって一区切りにしたいと思います。そこで，今回はこれまでに取り上げてきたテーマや内容を振り返ることによって，まとめにかえたいと思います。

　本コラムでは，これまでに以下のような内容を扱ってきました。

第1回：自動詞・他動詞

第2回：テンス・アスペクト（1）

第3回：テンス・アスペクト（2）

第4回：結果補語

第5回：程度補語

第6回：方向補語

第7回：可能補語

第8回：受身表現

第9回：使役表現

　第1回から第3回までは動詞に関すること，第4回から第6回までは補語に関すること，第7回から第9回まではヴォイスに関することに分けられそうです[1]。そこで，2節では第1回から第3回まで（動詞に関すること），3節では第4回から第6回まで（補語に関すること），4節では第7回から第9回まで（ヴォイスに関すること）を振り返り，5節をまとめにします。

---

1　第7回の可能補語は補語に関することですが，便宜上，ヴォイスに関することに含めます。

## 2 第1回から第3回まで：動詞に関すること

### 2.1 自動詞・他動詞

第1回では自動詞・他動詞を取り上げました。日本語の自動詞・他動詞の議論では，目的語としてヲ格が取り上げられ，ヲ格を取る動詞は他動詞，ヲ格を取らない動詞は自動詞となります。ただし，ヲ格を取る全ての動詞が他動詞というわけではなく，「出る」，「走る」，「通る」といった起点や経路のヲ格を取る動詞は自動詞という位置づけになります。また，受身に関して，直接受身にできる動詞を他動詞，間接受身にしかできない動詞，および受身にできない動詞を自動詞とする研究もあります。

一方，中国語の自動詞・他動詞は「不及物動詞」，「及物動詞」と呼ばれることが多いです[2]。他の事物に影響を及ぼさない動詞は「不及物動詞」，他の事物に影響を及ぼす動詞は「及物動詞」で，意味的な基準に基づいた名称と言えるでしょう。ただし，影響を及ぼすかどうかの判断は難しく，どのような基準で分類するかが問題となります。中国語では，補語などをつけずに動詞をそのまま受身にすることができないため，受身にできるかどうかという基準で分類することはできません。

そこで，目的語の基準がよく使われるのですが，動詞の後に来るものを目的語とすれば，中国語ではさまざまなものが目的語となります。例えば，①受事（対象）（例："看报纸"（新聞を読む）），②結果（結果）（例："挖坑"（穴を掘る）），③工具（道具）（例："吃大碗"（どんぶりで食べる）），④目的（目的）（例："排豆腐"（豆腐を買うために並ぶ）），⑤原因（原因）（例："哭妈妈"（お母さんのことで泣く）），⑥方式（方法）（例："写仿宋体"（宋体で書く）），⑦处所（場所）（例："去日本"（日本に行く）・"教大学"（大学で教える）），⑧施事（動作主）（例："来了客人"（お客さんが来た）といったものです。

中国語では，原因，方法，場所，動作主といった他の言語では目的語とならないものも目的語の位置に生じることがわかります。このうち対象や結果の目的語を取ることができるものが典型的な他動詞とされ，目的語が取れないもの，および対象や結果以外の目的語しか取れないものが自動詞とされます。

---

2　その他にも，「自動詞」「他動詞」という名称をそのまま使うものや，「内動詞」「外動詞」という名称を使うものもあります。

以下に典型的な他動詞と自動詞の例を挙げておきます。

**典型的な他動詞**

"看"（見る）・"买"（買う）・"爱"（愛する）・"杀"（殺害する）・
"怕"（恐れる）・"讨论"（討論する）・"赞成"（賛成する）・
"分析"（分析する）・"相信"（信じる）・"具有"（備える）

**典型的な自動詞**

"病"（病気になる）・"死"（死ぬ）・"飞"（飛ぶ）・"坐"（座る）・
"睡"（寝る）・"住"（住む）・"醒"（目覚める）・"肿"（腫れる）・
"醉"（酔う）・"咳嗽"（せきをする）・"游泳"（泳ぐ）・"休息"（休む）・
"存在"（存在する）・"迟到"（遅刻する）

## 2.2 テンス・アスペクト

第2回と第3回ではテンス・アスペクトを扱いました。日本語のテンスは
益岡隆志・田窪行則（1992）『基礎日本語文法－改訂版－』では「事態の時
を発話時を基準にして位置づける文法形式」（p.108）と規定され、基本形は
現在または未来の時を表し[3]、タ形は過去を表すとされています。また、ア
スペクトについては、「動きは、開始、継続、終結、等の局面（段階）を問
題にすることができる。」（p.111）とされており、動きの展開のさまざまな
局面（段階）を表す文法形式がアスペクトと規定されています。

このように規定されるテンス・アスペクトですが、中国語にはテンスがな
いと言われることがあります。というのも、日本語では過去の事態を表す時
に必ずタ形を使わなければなりませんが、中国語では過去の事態を表す時に
必ずしも"了"を使うわけではないからです。

（1）先月彼は中国にいた。

（2）a．上个月　他　<u>在</u>　中国。
　　　　　先月　　彼　いる　中国

　　　b．＊上个月他<u>在了</u>中国。

---

3　動的述語（動作を表す動詞）か状態述語（状態を表す動詞・形容詞・名詞）かによって、
　どちらを表すのかが異なります。基本的に動的述語は未来を表すのに対して、状態述語
　は現在を表します。

（3）彼女は昔きれいだった。

（4）a．以前　她　很　漂亮。
　　　　　以前　彼女　とても　きれいだ

　　b．＊以前她很漂亮了。

（5）3年前私は学生だった。

（6）a．三年前　我　是　学生。
　　　　　三年前　私　である　学生

　　b．＊三年前我是了学生。

　中国語では，時間を表す名詞や副詞を手がかりにする，あるいは前後の文脈や状況を手がかりにすることで過去を表すことができます。

　中国語のアスペクトについては，日本語のテイル形が持つ2つの基本的な用法から取り上げていきましょう。

　動作の継続を表す用法ですが，中国語では2つの表し方があります。1つ目は動詞の後に助詞 “着” をつける方法です。

（7）山田　看　着　电影。（山田さんは映画を見ている。）
　　　山田　見る　　　映画

　もう1つは動詞の前に副詞 “在” や “正（在）” をつける方法です。

（8）山田　正在　看　电影。（山田さんは映画を見ている。）
　　　山田　　　見る　映画

　次に，結果状態の継続を表す用法ですが，この場合も助詞 “着” が使われます。

（9）门　开　着。（ドアが開いている。）
　　　ドア　開く

　中国語の “着” は動作であれ，結果であれ，何らかの状態が持続することを表していると言えます。ただし，注意が必要なのは，結果状態の継続を表すテイル形の全てが “着” に置き換えられるわけではないということです。

（10）a．この金魚は死んでいる。

　　b．＊这　条　金鱼　死　着。
　　　　　この　量詞　金魚　死ぬ

　　c．这条金鱼死了。

74

（11）a．電気が消えている。

　　　b．＊电灯　　灭　着。

　　　　　電気　消える

　　　c．电灯灭了。

（10）（11）はいずれも結果状態の継続を表すテイル形ですが，"着"を使うことができず，完了を表す"了"を使わなければなりません。日本語では「死ぬ」や「消える」の結果状態が続いていると捉えられ，テイル形が使えるのですが，中国語ではそのような捉え方をしていないということです。つまり，日本語と中国語では物事の捉え方が異なるため，テイル形と"着"が一対一に対応していないのです。

　なお，日本語のアスペクトの代表的な形式であるテイル形の各用法と中国語の形式との対応関係は次のようになります。

表1　テイル形の各用法と中国語の形式の対応関係

| テイル形の用法 | 中国語の形式 |
|---|---|
| 動作の継続 | 助詞"着"，副詞"在""正在" |
| 結果状態の継続 | 助詞"着"・助詞"了" |
| 完　了 | 助詞"了" |
| 経　験 | 助詞"过" |

## 3　第4回から第6回まで：補語に関すること

　第4回から第6回まではさまざまな補語を扱いました。補語には結果補語，程度補語，方向補語，可能補語，数量補語，状態補語などがあります。日本語の補語は主語や目的語などに代表される文の成分となるものを総称しているのに対して，中国語の補語は述語の結果や状況を詳しく述べる成分として位置づけられます。

### 3.1　結果補語

　中国語の結果補語ですが，動詞が結果補語となったもの，形容詞が結果補語となったものがあります。動詞が結果補語となったものには，"Ｖ到"，"Ｖ

懂"，"Ｖ见"，"Ｖ完"，"Ｖ着"，"Ｖ住"などがあります。

"Ｖ到"は動作の結果がある目的に達することを表す場合（例："找到"（探しあてる）・"收到"（受け取る）・"看到"（見える）・"买到"（買える）・"查到"（見つける）・"听到"（聞こえる）），動作の結果，対象物がある地点，時点に到達することを表す場合（例："走到"（～まで歩く）・"等到"（～まで待つ）・"学到"（～まで学ぶ）・"跑到"（～まで走る）・"送到"（～まで送る）・"回到"（～に帰る）・"来到"（～に来る））があります。

"Ｖ懂"は「～して理解する。分かる。」という意味を表し，"听懂"（聞いて理解する）・"看懂"（見て分かる）などがあります。

"Ｖ见"は視覚，聴覚などの感覚で対象物をしっかりとらえることを表し，"看见"（見える）・"听见"（聞こえる）・"梦见"（夢に見る）・"碰见"（出会う）・"遇见"（出会う）などがあります。

"Ｖ完"は動作を終えて，対象物がなくなることを表し"做完"（やり終わる）・"卖完"（売り切る）・"看完"（見終える）・"吃完"（食べ終える）・"说完"（言い終える）・"写完"（書き終える）などがあります。

"Ｖ着"は動作の結果，ある目標や目的が達成されることを表し，"找着"（探しあてる）・"睡着"（寝入る）・"买着"（買って手に入る）・"猜着"（推測してあてる）などがあります。

"Ｖ住"は動作の結果，何かが安定したり，固定したりすることを表し，"记住"（覚えられる）・"站住"（立ち止まる）・"停住"（止まる）・"抓住"（捕まえる）・"拿住"（しっかり持つ）・"捉住"（捕まえる）などがあります。

次に，形容詞が結果補語となったものとして，"Ｖ错"，"Ｖ好"，"Ｖ清楚"などがあげられます。

"Ｖ错"は動作・行為が間違っていることを表し，"说错"（言い間違える）・"听错"（聞き間違える）・"打错"（かけ間違える）・"写错"（書き間違える）・"看错"（見間違える）などがあります。

"Ｖ好"は動作の結果が良好な状態であることを表し，"学好"（うまく学ぶ）・"准备好"（準備できる）・"写好"（書き上げる）・"修好"（修理する）・"办好"（やってしまう）・"睡好"（よく眠る）・"想好"（考えがまとまる）・"做好"（できあがる）・"治好"（治る）・"收拾好"（片づける）などがあります。

76

"Ｖ清楚"は動作・行為を行った結果，何かがはっきりすることを表し，"弄清楚"（した結果，はっきりする）・"问清楚"（尋ねた結果，はっきりする）・"看清楚"（見てはっきりする）・"听清楚"（聞いてはっきりする）・"讲清楚"（話してはっきりする）・"写清楚"（書いてはっきりする）などがあります。

## 3.2 程度補語

中国語では形容詞や動詞の程度が副詞として表現されることがありますが，補語として示されることもあります。その場合，形容詞や動詞の後に補語を置いて，その程度を詳しく述べます。また，中国語の程度補語は「状態補語」や「様態補語」とも言われることもあり，"得"という助詞の有無によって２つのタイプに分けられます。

まず，"得"を用いた程度補語として，以下のようなものがよく取り上げられます。

(12) 我　　高兴　　<u>得</u>　　跳　　了　　　起来。

　　　私　うれしい　助詞　飛ぶ　完了　方向補語

　　　（私は飛び上がるほどうれしかった。）

(12)の場合，"高兴"（うれしい）の程度を述べるのに「飛び上がる」ことが用いられ，「飛び上がるほどうれしい」ことが示されています。"得"を用いた程度補語には慣用句的になっているものもあります。以下では，そのうち，"要命"，"不得了"，"厉害"，"很"，"多"を取り上げます。

"－得要命"は形容詞や動詞の程度を「命を奪うほど」や「命をとられるほど」と述べることで，「たまらない」や「ひどい」という意味を表します。

(13) 疼得要命（痛くてたまらない）

"－得不得了"は形容詞や動詞の程度を「大変だ」や「一大事だ」と述べることで，その程度が高いことを表します。

(14) 气得不得了（非常に怒っている）

"－得厉害"は形容詞の程度を「恐ろしいほど」や「すごみがあるほど」と述べることで，その程度が高いことを表します。

(15) 热得厉害（ひどく暑い）

"－得很"ですが，"很"は元々形容詞の前に用いて，程度を表すことがで

きます。形容詞の前に用いる場合，後にはさまざまな形容詞をとることができますが，程度補語となった場合は一部の形容詞に限られます。

（16）好得很（とても良い）

“－得多”は形容詞の後に用いて，他と比較して「さらに…である」という意味を表します。

（17）热得多（さらに暑い）

中国語の程度補語には，“得”を用いない程度補語もあります。以下では，“极了”，“死了”，“坏了”，“多了”という４つを取り上げます。

“－极了”は形容詞や動詞の後に用いることによって，程度が最高であることを表します。

（18）新鲜极了（とても新鮮だ）

（19）好极了（非常においしい）

“－死了”は文字通り「死ぬ」という意味を持っています。形容詞や動詞の程度を「死ぬほど」と述べることで，程度が甚だしいことを表します。

（20）忙死了（非常に忙しい）

（21）饿死了（お腹がペコペコだ）

“－坏了”は心理状態を表す動詞や形容詞の後に用いて，程度が甚だしいことを表します。

（22）乐坏了（うれしくてたまらない）

（23）累坏了（とても疲れた）

“－多了”は形容詞の後に用いて比較した結果，その差が大きいことを表します。

（24）贵多了（ずいぶん高い）


## 3.3 方向補語

中国語の方向補語は単純方向補語と複合方向補語の２つに分かれます。単純方向補語の代表的なものとして，“来”や“去”があります。

（25）他　从　大学　回　　　来　　　了。
　　　彼　から　大学　帰る　方向補語　完了
　　　（彼は大学から帰ってきた。）

78

(26) 燕子　飛　　去　　　了。
　　　ツバメ　飛ぶ　方向補語　完了
　　　（ツバメが飛んでいった。）

　"回"（帰る）や"飞"（飛ぶ）という動詞の後に"来"や"去"という方向補語が使われています。これらの方向補語は日本語では「〜てくる」や「〜ていく」に相当します。それ以外にも移動を表す"上"（上る，上がる），"下"（下る，下がる），"进"（入る），"出"（出る），"过"（過ぎる），"回"（戻る，帰る），"起"（上がる）などがあります[4]。

(27) 田中　爬　　上　　了　　山頂。
　　　田中　登る　方向補語　完了　山頂
　　　（田中さんは山頂に登った。）

(28) 咱们　　坐　　下　　来　　谈。
　　　私たち　座る　方向補語　少し　話す
　　　（ちょっと座って話しましょう。）

(29) 老师　走　　进　　教室　了。
　　　先生　歩く　方向補語　教室　完了
　　　（先生が教室に入ってきた。）

(30) 客人　跑　　出　　房间　　了。
　　　客　走る　方向補語　部屋　完了
　　　（お客さんが部屋を走って出て行った。）

(31) 她　　跳　　过　　了　　一米　　的　高度。
　　　彼女　跳ぶ　方向補語　完了　一メートル　の　高さ
　　　（彼女は一メートルの高さを跳び越えた。）

(32) 我们　　应该　　把　行李　送　　回。
　　　私たち　〜すべきだ　〜を　荷物　送る　方向補語
　　　（私たちは荷物を送り返すべきだ。）

---

4　ただし，"来"と"去"のみを方向補語として，その他のものは結果補語とする考え方もあります。

(33) 我　　搬　　　起　　　石头　了。

　　　私　運ぶ　方向補語　石　完了

　　　（私は石を持ち上げた。）

　いずれの例でも，動詞の後に方向補語が用いられ，それぞれの方向補語が持つ意味が加えられていることがわかります。

　複合方向補語とは，これまで見てきた方向補語を組み合わせたものです。具体的には，"来"や"去"の前に"上"，"下"，"进"，"出"，"过"，"回"，"起"を組み合わせて作られます。

### 表2　複合方向補語の種類

|    | 上 | 下 | 进 | 出 | 过 | 回 | 起 |
|----|----|----|----|----|----|----|----|
| 来 | 上来 | 下来 | 进来 | 出来 | 过来 | 回来 | 起来 |
| 去 | 上去 | 下去 | 进去 | 出去 | 过去 | 回去 | —— |

　表2のように組み合わせた結果，"上来"（上ってくる），"上去"（上っていく），"下来"（下ってくる），"下去"（下っていく），"进来"（入ってくる），"进去"（入っていく），"出来"（出てくる），"出去"（出ていく），"过来"（戻ってくる），"过去"（戻っていく），"回来"（やってくる），"回去"（通り過ぎていく），"起来"（起き上がる）という13種類の複合方向補語ができあがりますが，"起去"だけは使われないようです。

　中国語の複合方向補語には，基本的な意味や具体的な意味だけでなく，派生的な意味や抽象的な意味が生じる場合もあります。"下来"は（A）明から暗，動から静へ状態が変化すること，（B）動作の結果，その状態が残ることを表します。

(34) 天慢慢黑下来了。（空が徐々に暗くなってきた。）

(35) 这一课我不能背下来。（この課を私は暗記することができない。）

　"下去"はある動作が継続することを表します。

(36) 你再讲下去。（話をもっと続けなさい。）

　"出来"は（A）無から有へと結果が生じること，（B）事物を認識することを表します。

授業に必要な中国語の豆知識

(37) 厂长创造<u>出来</u>新产品。（工場長は新しい製品を作り上げた。）

(38) 我看<u>出</u>大毛病<u>来</u>。（私は大きな傷があるのが分かった。）

"过去"は正常な状態でなくなること，"过来"は逆に元の正常な状態に戻ることを表します。

(39) 他昏<u>过去</u>了，一会儿又醒<u>过来</u>了。

　　　（彼は気絶したが，まもなく息を吹き返した。）

"起来"は（A）新たな動作が開始すること，（B）動作が一つにまとまって完成すること，（C）「〜してみると」（仮定条件）という意味を表します。

(40) 她笑<u>起来</u>了。（彼女は笑い出した。）

(41) 杀人犯被抓<u>起来</u>了。（殺人犯は捕まえられた。）

(42) 说<u>起来</u>容易，做<u>起来</u>难。（言うは易く，行うは難し。）

# 4　第7回から第9回まで：ヴォイスに関すること

## 4.1　可能補語

中国語の可能補語は結果補語から派生したものと方向補語から派生したものに分けられます。結果補語から派生した可能補語は，動詞と結果補語の間に"得"や"不"をつけることによって作ることができます。

(43) a．写好（うまく書く）

　　　b．写<u>得</u>好（うまく書ける）

　　　c．写<u>不</u>好（うまく書けない）

(44) a．记住（覚える）

　　　b．记<u>得</u>住（覚えられる）

　　　c．记<u>不</u>住（覚えられない）

いずれも元の形である「動詞＋結果補語」の間に"得"をつけると「可能」の意味が生じ，"不"をつけると「不可能」の意味が生じています。

方向補語から派生した可能補語ですが，結果補語から派生した可能補語と同様に，動詞と方向補語の間に"得"や"不"をつけることによって作ることができます。

81

(45) a ．回来（戻ってくる）

　　　b ．回得来（戻ってくることができる）

　　　c ．回不来（戻ってくることができない）

(46) a ．说出来（言い出す）

　　　b ．说得出来（言い出せる）

　　　c ．说不出来（言い出せない）

やはり元の形である「動詞＋方向補語」の間に“得”をつけると「可能」の意味が生じ，“不”をつけると「不可能」の意味が生じています。

　可能補語が持つ「可能」の意味は，可能補語だけではなく，助動詞で表すこともできます。中国語で可能を表す助動詞には，学習や練習を通して技術を習得することを表す“会”，ある能力を持っていることや客観的な条件が整っていて何かができることを表す“能”，ある事情を満たすことで何かができることを表す“可以”という３つがありますが，可能補語との違いが問題になるのは“能”です。

(47) 我的话，你　　听　得　懂　　吗？

　　　私の話 あなた 聞く 可能 分かる 疑問

　　　（私の話が理解できますか。）

(48) 我的话，你能听懂吗？

　(47) では私の話が理解できるかどうかが可能補語によって表されていますが，同様のことは (48) のように助動詞“能”を使って表すこともできます。それでは，可能補語と助動詞“能”にはどのような違いがあるのでしょうか。

　まず，禁止を表す際には助動詞“能”を使うことができますが，可能補語は使うことができません。

(49) 　你　　不　能　进　　去。

　　　あなた 否定 可能 入る 結果補語

　　　（入ることができません（＝入ってはいけません）。）

(50) ＊你进不去。

　(49) では中に入ってはいけないことが助動詞“能”で表されていますが，同様のことを (50) のように可能補語で表すことはできません。

　逆に，否定形では可能補語が使われやすく，助動詞“能”は使われにくい

という特徴もあります。

(51)　你的话，我　听　不　懂。

　　　あなたの話　私　聞く　否定　分かる

　　　（あなたの話は理解できません。）

(52)　＊你的话，我<u>不能听懂</u>。

(51) ではあなたの話が理解できないことが可能補語で表されていますが，同様のことを (52) のように助動詞"能"で表すことはできません。


## 4.2　受身表現

中国語の受身表現は，"被"という表現を使うことで作られます。

(53)　我　<u>被</u>　老师　　批评　　了。

　　　私　受身　先生　批判する　過去

　　　（私は先生に批判された。）

(54)　他　<u>被</u>　公司　解雇　　了。

　　　彼　受身　会社　解雇する　過去

　　　（彼は会社を解雇された（←彼は会社によって解雇された）。）

(53) (54) はそれぞれ (55) (56) のような対応する能動文があり，"被"を用いることによって受身文ができあがっていることがわかります。

(55)　老师批评了我。

　　　（先生は私を批判した。）

(56)　公司解雇了他。

　　　（会社は彼を解雇した。）

つまり，能動文「A（主語）＋動詞＋B（目的語）」から「B（能動文の目的語）＋被＋A（能動文の主語）＋動詞」という受身文ができあがっているのです。構造的には日本語の受身文とよく似ているので，理解しやすいです。

中国語の受身表現ですが，"被"という表現が使われることから「被害」というイメージが思い浮かびますし，ここまで取り上げてきた例文にはいずれも「被害」の意味が含まれていました。中国語の受身表現はたしかに「被害」を表す状況で使われることが多いのですが，近年は中立的な状況や好ましい事態の場合に使われることもあります。

(57) 他　被　同学门　选　为　班长　了。
　　　彼　受身　同級生　選ぶ　に　班長　過去
　　　（彼は同級生によってクラス代表に選ばれた。）

(58) 我　被　老师　表扬　了。
　　　私　受身　先生　ほめる　過去
　　　（私は先生にほめられた。）

　(57) は同級生によってクラス代表に選ばれたことを表しており，中立的，あるいは好ましい事態と言えます。また，(58) は先生にほめられたので，好ましい事態だと考えられます。このような場合でも"被"を用いた受身表現が使用されます。

　日本語には直接受身だけでなく，間接受身や持ち主の受身もありますが，中国語には直接受身は存在するものの，間接受身や持ち主の受身は存在しないというのが一般的です。

## 4.3　使役表現

　中国語の使役表現は"让"や"叫"という表現を使うことで作られます。

(59) 我　让　孩子　做　饭　了。
　　　私　使役　子ども　作る　食事　過去
　　　（私は子どもに食事を作らせた。）

(60) 老师　叫　学生们　写　报告。
　　　先生　使役　学生たち　書く　レポート
　　　（先生が学生たちにレポートを書かせた（←書くように言った）。）

　"让"や"叫"を使った使役表現ですが，(59)(60) はそれぞれ (61)(62) のような文が元になっていることがわかります。

(61) 孩子做饭了。
　　　（子どもが食事を作った。）

(62) 学生们写报告。
　　　（学生たちがレポートを書く。）

　元になる文があり，その前に主語，および使役を表す介詞を用いることによって使役文ができあがっています。中国語の使役文も構造的には日本語の

84

使役文とよく似ているので，理解しやすいと思います。

"让"と"叫"の違いですが，"让"は書き言葉的，"叫"は話し言葉的と言われることが多いです。また，"让"は「許容」や「放任」を表しやすいのに対して，"叫"は「強制」，「命令」や「指示」に近い意味が出やすいと言われます。さらに，"让"を使った使役表現では，よく主語を省略した形で使われることがあります。

(63)  让     你     久     等     了。
　　　使役  あなた  長い間  待つ  過去
　　　（長い間，お待たせしました。）

(64)  让     我     想     想。
　　　使役  私   考える  考える
　　　（ちょっと考えさせてください。）

(63) では"我"（私）という主語，(64) では"你"（あなた）という主語を述べる必要がないので省略されています。

中国語の使役表現は，最も代表的な"让"や"叫"を使った使役表現，「…をして〜せしめる（させる）」というニュアンスを持つ"使"を使った使役表現，"令"を使った使役表現などがあります。これらの表現は中国語学では「兼語文」と呼ばれ，"要"（〜するように頼む・求める），"要求"（〜するように頼む・求める），"劝"（〜するように勧める），"命令"（〜するように命ずる），"派"（〜するように差し向ける），"选"（〜するように選ぶ），"催"（〜するように催促する）などを使ったものも可能です。日本語の使役表現よりもかなり幅広いものが中国語の使役表現として扱われます。

## 5  おわりに

長きにわたり，本コラム「授業に必要な中国語の豆知識」にお付き合いいただき，ありがとうございました。これまでに扱ったこと以外にも取り上げるべき内容はたくさんあります。動詞に関するものでは所有・存在表現，それ以外にも，指示詞，副詞，語気助詞，条件・譲歩表現など，まだまだいろんなテーマが残されており，書き足りない気もしています。

連載を始めた当初は，まさか 10 年間も続くとは思っていなかったのです

が，ここまで続けてこられたのはひとえに読者のみなさんがお付き合いくださったおかげです。最後になりましたが，このような機会を与えてくださった大阪府立大学の張麟声先生，そしてなかなか原稿を仕上げることができない際にも辛抱強く待ってくださった日中言語文化出版社の関谷一雄社長に感謝の気持ちを申し上げて，本コラムを閉じたいと思います。10年間，本当にありがとうございました。

# 中国の《国标（国家基準)》における日本語の専門必須科目及びその教材編集に寄与する言語学の諸分野

張　麟声（大阪府立大学）

《国标（国家基準)》とは、2018年に中国教育部が公開した大学学部レベルの外国語教育のガイドラインで、中国語名は《外国语言文学类教学质量国家标准》である。

そのなかで、科目群として、a．公共课程（教養科目）、b．专业核心课程（専門必須科目）、c．培养方向课程（専門選択科目）、d．实践环节（実習科目）、e．毕业论文（卒業論文指導）の５つが設定されており、日本語教育を考える私たちにとっては、主にb．专业核心课程（専門必須科目）が教材編集などを通して現状の改善を図る研究の対象になる。

## ２．日本語の「専門必須科目」の教材編集に役立つ言語学の諸分野
## ２－１　日本語の「専門必須科目」

日本語の「専門必須科目」は、以下の通りである。下線がついているものは、言語学と直接関連を持たないと考えられるので、次の２－２では除外する。

① 基础日语（基礎日本語）

② 高级日语（上級日本語）

③ 日语会话（会話）

④ 日语视听说（見る・聞く・話す）

⑤ 日语演讲与辩论（スピーチ・デイベート）

⑥ 日语阅读（読解）

⑦ 日语基础写作（初級・中級作文）

⑧ 笔译理论与实践（翻訳の理論と実践）

⑨ 口译理论与实践（通訳の理論と実践）

⑩ 日语语言学概论（日本語学概説）

⑪ 日本文学概论（日本文学概説）

⑫ 日本概况（日本事情）

⑬ 跨文化交流（異文化間コミュニケーション）

⑭　学术写作与研究方法（アカデミックライテイングと学問分野の研究方法）

## 2―2　日本語の「専門必須科目」の教材編集に寄与する言語学の諸分野

①　基础日语（基礎日本語）

　日本語の語彙・文法の類義性、及び使用頻度やコロケーション的性格についての記述言語学的研究、音声・語彙・文法に関する中国語と日本語の対照研究[1]及び第二言語習得研究。

②　高级日语（上級日本語）

　日本語の語彙・文法の類義性、及び使用頻度やコロケーション的性格についての記述言語学的研究、語彙・文法・文体に関する中国語と日本語の対照研究及び第二言語習得研究。

③　日语会话（会話）

　日本語の文レベルのプロソディ研究、日本語の会話分析研究、中国語と日本語の会話の構造に関する対照研究、話し言葉の第二言語習得研究。

④　日语视听说（見る・聞く・話す）

　リスニングの一般的規則に関する研究、中国語母語話者にとっての日本語リスニングの研究、話し言葉の第二言語習得研究。

⑤　日语演讲与辩论（スピーチ・ディベート）

　スピーチ・ディベートの文体・ストラテジーに関する中国語と日本語の対照研究及び第二言語習得研究。

⑥　日语阅读（読解）

　日本語の長文など理解しにくい文や文連鎖に関する読解研究、未習の語彙・文法形式が、例えば30％、40％を占めるときの読解研究。

---

1　個人的には、「対照研究、誤用観察、仮説検証」という三位一体の第二言語習得研究モデルを主張し、「対照研究」を当該モデルの第一ステップと位置づけているが、第二言語習得研究はたいへん手間がかかる作業なので、20年、30年の間に「基础日语（基

⑦　日语基础写作（初級・中級作文）

　使用頻度の高い文体の中国語と日本語の対照研究、書記言語の語彙・文法形式・文章のスタイルについての第二言語習得研究。

⑧　笔译理论与实践（翻訳の理論と実践）

　いわゆる翻訳理論に関してはいろいろな考え方がありうるが、例えば中国語と英語の間、中国語と日本語の間に異なる翻訳理論が存在するとは考えられない。また、実践というのは、ひたすら翻訳の練習をさせることであろう。むしろ、理論と実践の間に「規則」たるものが存在すると思われる。そのような規則を開発し、教科書に導入するのが当面の課題だと思われる。したがって、ここではフレーズ・文・段落・文体レベルの中国語と日本語の対照研究及び第二言語習得研究が求められるであろう。

⑨　口译理论与实践（通訳の理論と実践）

　フレーズ・文・段落・文体（なかでも特に話し言葉）レベルの中国語と日本語の対照研究及び第二言語習得研究。

⑩　日语语言学概论（日本語学概説）

　いわゆる記述言語学の諸部門に関する中国語と日本語の対照研究。

⑬　跨文化交流（異文化間コミュニケーション）

　語彙・表現の意味解釈における中国語と日本語の対照研究。

⑭　学术写作（アカデミックライティング）

　アカデミックライティングにおける語彙・文法の日本語学的研究、中国語と日本語の対照研究、及び第二言語習得研究。

〈おわり〉

---

礎日本語）」の教材編集に必要な語彙、文法に関する研究を終えることはできない。したがって、本稿では「対照研究」を個別に取り上げ、中国語をメタ言語として教科書を編纂する際に必要な中日両言語の異同に関する知識を明らかにする。

# 研究会の組織
## （第4期幹事会）

(複数名のところは全て、五十音順、敬称略)

〈代表幹事〉

杉村泰

〈副代表幹事〉

玉岡賀津雄

〈幹事〉

建石始、中俣尚己、劉志偉

〈大会委員会〉

中俣尚己（委員長）、劉志偉（副委員長）、倉品さやか、小口悠紀子、
釜田友里江、陳秀茵、陳建明

〈編集委員会 >

建石始（委員長）、中石ゆうこ（副委員長）、古賀悠太郎（副委員長）

〈事務局〉

劉志偉（事務局長）、李湘琴（名簿係）、中俣尚己（ホームページ係）

※事務局は日中言語文化出版社内におく。

〈顧問〉

張麟声、庵功雄

# 過去の研究会の組織

〈複数名のところは全て、五十音順、敬称略〉

## ○第1期幹事会

〈代 表 幹 事〉張麟声

〈副代表幹事〉稲垣俊史

〈幹　　　　事〉案野香子、庵功雄、稲垣俊史、井上幸、奥野由紀子、
北島徹、倉品さやか、塩入すみ、杉村泰、鈴木庸子、
高澤信子、建石始、張麟声、中畠孝幸、中俣尚己、前田均、
吉永尚

〈事　務　局〉庵功雄（事務局長）、井上幸

〈大会委員会〉庵功雄、稲垣俊史、杉村泰（委員長）、中畠孝幸、
中俣尚己（副委員長）、谷部弘子、山内啓介、吉永尚

〈編集委員会〉庵功雄、塩入すみ、建石始、張麟声（委員長）、中石ゆうこ

## ○第2期幹事会

〈代 表 幹 事〉張麟声

〈副代表幹事〉稲垣俊史、杉村泰

〈幹　　　　事〉庵功雄、稲垣俊史、倉品さやか、塩入すみ、杉村泰、
鈴木庸子、建石始、張麟声、中畠孝幸、中俣尚己、前田均、
谷部弘子、吉永尚、劉志偉

〈事　務　局〉庵功雄（事務局長）、井上幸

〈大会委員会〉庵功雄、稲垣俊史、杉村泰（委員長）、中畠孝幸、
中俣尚己（副委員長）、谷部弘子、吉永尚

〈編集委員会〉庵功雄、塩入すみ、建石始（副委員長）、張麟声（委員長）、
中石ゆうこ、劉志偉

## ○第3期幹事会

〈代 表 幹 事〉杉村泰

〈副代表幹事〉建石始

〈幹　　　　事〉庵功雄、稲垣俊史、倉品さやか、中俣尚己、劉志偉

〈事　務　局〉庵功雄（事務局長）、劉志偉（名簿係）、井上幸（名簿係）、
中俣尚己（ホームページ係）

〈大会委員会〉庵功雄、菊池律之、倉品さやか、小口悠紀子、中石ゆうこ、
中俣尚己（委員長）、劉志偉（副委員長）

〈編集委員会〉張麟声（委員長）、建石始（副委員長）

## ○本会の発起人

稲垣俊史、鈴木庸子、建石始、張麟声、中畠孝幸、前田均、吉永尚

## 研究発表応募規定

（変更される可能性もあるので、最新版はＨＰを確認すること）

## Ⅰ　発表資格、発表内容、発表形態

1．発表者は応募および発表の時点で会員でなければなりません。

（研究発表の申し込みと同時に本研究会への入会も申し込めます。）

非会員も共同研究者としてプログラムに名前を載せることができますが、実際に発表を行うのは会員に限ります。

2．発表内容は「日中対照研究、日本語や中国語研究に基盤をおいた習得研究など中国語話者のための日本語教育に貢献できる研究」で、未発表の研究に限ります。

3．発表形態は口頭発表とし、使用言語は原則日本語とします。

（持ち時間 35 分。うち発表 20 分、質疑応答 15 分）

## Ⅱ　応募要領および採否

4．発表希望者は、次の①と②の書類（MSWord または PDF）を e-mail の添付ファイルで下記の大会委員長宛に送ってください。（応募後、締切りまでに受け取り確認の連絡がない場合は、再度大会委員長に連絡してください）

　①「発表要旨」A 4 用紙 2 枚以内（2000 字程度。日本語。主要な参考文献を含む。個人が特定できる情報は記入しないこと）

　②「個人情報」A 4 用紙 1 枚（氏名、ヨミガナ、所属・身分、発表タイトル、電話番号、e-mail アドレス、使用機器の希望）

5．発表要旨には、必ず結果・結論を盛り込んで下さい。「このような調査を行う予定である」というようなものは要旨とは呼べません。結論が出た研究のみ、応募することができます。また、個人の特定につながる情報（「拙著」など）は避けて下さい。

6．本文で言及した論文および発表に重要な関連を持つ先行研究などがある場合は発表要旨にその文献を挙げてください。文献は要旨の分量に含まれます。上記に該当する文献がない場合は，要旨の最後に「引用

文献なし」と明記してください。文献を挙げる際には以下の情報を入れてください。

　著者名，出版年，論文名，雑誌名／書名，号数，出版社名

（例）教育花子（2009）「英語のオノマトペ」『世界のオノマトペ』○×出版

※応募者自身の論文であっても，発表の内容に関係する場合には引用してください。

　その際，次のような言及の仕方をすることによって，執筆者が特定されないようにしてください。

（例）○田中（2010）で ｜述べられている／指摘されている｜ ように，…

　　　×田中（2010）で ｜述べた／指摘した｜ ように，…

　　　（「＜論文名＞で〜したように，」という表現は（執筆者が特定できるので）使わないでください。）

※応募時において公刊されている文献のみを挙げてください（応募時において「印刷中」「投稿中」などの文献は挙げないでください）。

7．採否は応募者名を伏せて大会委員会で審議し、その結果を大会委員長から応募者に e-mail で通知します。不採用の理由については照会に応じません。

8．採否通知の際に、大会委員会の判断で発表題目や内容について助言することもあります。


## Ⅲ　採用後から発表まで

9．採用後に各研究会の担当委員をお知らせしますので、担当委員と連絡を取り合いながら発表の準備を進めてください。

10．本研究会では予稿集は作りませんので、各自レジュメを用意してきてください。80 部ほど必要です。

# 会誌投稿規定

（変更される可能性もあるので、最新版はＨＰを確認すること）

## Ⅰ　投稿資格、投稿論文の内容と形態

1．投稿者は、投稿する時点で会員でなければならない。（投稿と同時に本研究会への入会を申し込むこともできる。）

2．投稿論文の内容は、「日中対照研究、日本語や中国語研究に基盤をおいた習得研究など中国語話者のための日本語教育に貢献できるもの」で、未発表の研究に限る。

3．投稿論文の使用言語は日本語とする。論文の分量については、図表を入れて 34 字× 30 行で 15 ページ以内とする。

## Ⅱ　投稿の時期、方法及び宛先

4．投稿は 1 年中受けつける。ただし、次号に掲載されるための締切は 2 月末日とする。

5．投稿の方法は、e-mail 送信とし、e-mail の本文において、必ず会員であることを書き添える。また、投稿論文の規格は、以下のとおりである。

・用紙サイズ：Ａ５

・余白：上：16mm、下：13mm、右：17mm、左：17mm

・本文：34 字× 30 行、明朝 10p

・タイトル：ゴシック 12p（英訳も必要）

・氏名：ゴシック 11p（名字と名前の間に一文字分の空白を入れる）

・「要旨」「キーワード」の文字：ゴシック 10.5p

・要旨、キーワードの本文：それぞれ明朝 9p、明朝 10p

・節の番号：0、1、2…（全角ゴシック 10.5p）

・節の下位番号：1.1、1.1.1…（半角ゴシック 10p）

・句読点：読点は「，」，句点は「。」

・「参考文献」「引用文献」の文字：ゴシック 10.5p

・参考文献、引用文献の文字：明朝 10p

・注は脚注とし、明朝 9ｐとする

6．投稿の宛先は、次のとおりである。また、件名の最初に「投稿原稿」をつけること。

h-tateishi@mail.kobe-c.ac.jp（建石　始のメールアドレス）

## Ⅲ　投稿論文の審査

7．投稿論文の採否は、編集委員の権限とする。

8．審査結果は投稿論文を受理してから、3か月以内に通知する。

# 大会委員会からの便り

## 第 46 回研究会のスケジュール

日　　時　2019 年 11 月 30 日（土）

会　　場　埼玉大学

応募期間　2019 年 7 月 14 日（日）〜 2019 年 8 月 31 日（土）（必着）

採否通知　2019 年 9 月 20 日（金）頃

## 第 47 回研究会のスケジュール

日　　時　2020 年 3 月 14 日（土）

会　　場　名古屋大学

応募期間　2019 年 12 月 1 日（日）〜 2019 年 12 月 21 日（土）（必着）

採否通知　2020 年 1 月 15 日（水）頃


大会委員長　中俣尚己

e-mail nkmt_n@yahoo.co.jp

## 大会委員

中俣尚己（委員長）

劉志偉（副委員長）

倉品さやか

小口悠紀子

釜田友里江

陳秀茵

陳建明

# 編集後記

　今年度から編集委員会委員長を務めることになりました。質の高い論文を数多く掲載して，充実した研究会誌にしていきたいと思います。微力ではありますが，精一杯取り組みますので，今後ともどうぞよろしくお願い申し上げます。

　さて，会員のみなさまのおかげで，本研究会誌『中国語話者のための日本語研究』も第10号を迎えることができました。当初は第10号を記念して，特別な企画を立てることを考えましたが，今後も長く継続したいという思いも込めて，節目は設けずに通常と変わらない形にしました。

　第10号には依頼論文2本，研究論文3本，コラム2本が収録されています。研究論文については，9本の投稿があり，慎重に審査した結果，3本が採用されました。採用率は33％で，これまでと比べるとやや物足りない印象を受けました。以下，それぞれの論文の内容を簡単に紹介します。

　建石論文は，コロケーションに注目した日中対照研究のケーススタディとして，日中同形語である「発生」と"发生"，ならびに「進行」と"进行"を取り上げています。日本語の「発生」と「進行」はいずれも悪い意味やマイナス評価の名詞と結びつく傾向が強いのに対して，中国語の"发生"や"进行"にはそのような傾向は見られないという結果が示されています。コーパスやコロケーションを用いた新しい形の日中対照研究と捉えられそうです。

　李・玉岡論文は，慣習的・非慣習的間接発話の理解について，周到な実験計画と分析により，回答を出した研究です。調査の結果もクローズテストで習熟度を測り，調査対象者の母語を中国語に統一したことで，先行研究で結果に違いが出ていた点に対する原因の予測を支持するような結果がきれいに出ています。研究のデザインは非常に精密で，結論も十分に納得がいくものと言えます。

　張浩然論文は，日本語の可能表現の誤用について，学習者の母語である中国語の可能を表す形式"会"との関係に着目し，その原因を明らかにした研究です。中国語母語話者が母語の"会"の影響で日本語の可能表現を過剰使用する可能性を翻訳調査によって指摘した点は興味深いです。これまで議論

されながらも必ずしも明確な回答が得られていなかった問題に，中国語の母語転移という観点から一定の方向性を見出した点は高く評価できます。

　陳論文は，中国人日本語学習者にとって習得が困難とされている授受補助動詞を対象にして，JFL環境における中国人日本語学習者の運用力の向上を目指し，現行の教科書における文法記述への改善を提案するための基礎研究となっています。授受補助動詞の非用について，先行研究とは異なる方法で検証を行っており，質問紙調査ではなく，発話の形で分析対象としたい文型や表現を引き出す設問を作成することには多大な工夫が感じられます。

　採用された論文数が少なかったこともあり，大阪府立大学の張麟声氏に特別に原稿を依頼しました。張麟声論文は，有対自他における「自」と「他」を弁別するストラテジーを提案し，有対自他における他動詞と自動詞の使役形の競合関係の成立条件を示しています。両者の使い分けが明確に論じられているため，今後の研究の参考になるものと言えるでしょう。

　毎号書いていることですが，今回の投稿論文でも日本語面で十分に推敲されていない印象を受けるものがいくつかありました。内容面では採用の水準を超えているものでも，日本語面で悪い印象を与えることによって，評価を下げた論文もありました。また，なぜそのような調査が必要なのか，なぜそのような研究手法を取るのか，調査対象者はどのような人物なのかといった基本的なことが示されていないために不採用になった論文もありました。調査内容や調査方法の妥当性を丁寧に示し，調査対象者の属性を詳しく記していれば採用になった可能性もあったので，非常にもったいない印象がありました。

　「会誌投稿規定」にも書いてありますが，投稿論文の内容は「日中対照研究，日本語や中国語研究に基盤をおいた習得研究など中国語話者のための日本語教育に貢献できるもの」で，未発表の研究に限られます。査読や編集作業の都合上，次号（第11号）の締切も2月末日となりますが，上記の内容を満たした論文について，積極的な投稿を期待しています。

編集委員会委員長　　建石　始

## 中国語話者のための日本語教育研究
### 第 10 号

2019 年 7 月 13 日　初版第 1 刷発行

編著者　中国語話者のための日本語教育研究会
発行者　関　谷　一　雄
発行所　日中言語文化出版社
　　　　〒531-0074 大阪市北区本庄東 2 丁目 13 番 21 号
　　　　TEL　06（6485）2406
　　　　FAX　06（6371）2303
印刷所　有限会社 扶桑印刷社

©2019 by 中国語話者のための日本語教育研究会 Printed in Japan
ISBN978 − 4 − 905013 − 53 − 2